Die geheimen Heilrezepte des NOSTRADAMUS

Gesammelt
und für den modernen Menschen
anwendbar beschrieben von
KURT ALLGEIER

Originalausgabe

**WILHELM HEYNE VERLAG
MÜNCHEN**

HEYNE-BUCH Nr. 01/7181
im Wilhelm Heyne Verlag, München

2. Auflage

Copyright © 1982 by Wilhelm Heyne Verlag GmbH & Co KG,
München, und RTS Verlag Jürgen Zimmermann, München
Printed in Germany 1984
Umschlaggestaltung: Atelier Heinrichs & Schütz, München
Satz: IBV Lichtsatz KG, Berlin
Druck und Bindung: Presse-Druck Augsburg

ISBN 3-453-01627-0

Inhaltsverzeichnis

Einleitung 9

Der schwärzeste Tag des Siegers über den schwarzen Tod 9
Auf der Suche nach den Geheimnissen des Lebens 11
Prophet, Dichter, Astrologe oder Arzt? 12
Das Genie der Zeitenwende 14
Seine Heilkunst ist die Medizin von morgen 16
Der Retter wird zurückgerufen 18
›Faust‹ in Salon-de-Provence 21
Seher und Leibarzt des Königs 23

1. Das ›Allheilmittel‹ des Wunderarztes 25
Der kranke Bischof von Carcassonne 26
Heilmittel Gold und Mineralien 30
Heilquelle Heimat 31
Auch der ›schlafende Prophet‹ empfiehlt Gold 32
Schmuck – als Heilkraft 35
Das Rezept gegen Eisenmangel 36

2. Das Elixier der Jugend 38
Der ›Salat der Königin‹ 41
Das wirksamste Rezept, jung zu bleiben – fasten 43
Nach dem Fasten – Schafsmilch 46
Milch – aber nur frisch und unvermischt 47
Brunnenkresse – in kleinsten Dosen 50
Und selbstverständlich – Knoblauch 51
Der ›Jugendtee‹ aus Kopfsalat 52

3. **Lerne richtig zu faulenzen –
   ehe du etwas leisten willst!** 54
Schlaf ist mehr als nur ein Abschalten 57
Finden Sie Ihr Parfüm 58
Bereiten Sie sich Ihre Duftkugeln 60
Das Rezept für Ihr ganz persönliches Parfüm 63
Für junge Leute – das ›Kamillenelixier‹ 65
Für die Älteren – die ›Anistinktur‹ 68
... oder Primelsaft 69
Für junge Frauen –
   Veilchenduft und ein Bad mit Heckenrosen 70

4. **Jeder hat seine Schwächen – er muß sie nur kennen** 71
Es gibt keine unheilbaren Krankheiten 74
Glück ist das beste Heilmittel 76
Speichel – die Enzymquelle von damals 77
Man muß die Geschichte der Anfälligkeiten erforschen 78
Und schließlich – die ›astrologische Anfälligkeit‹ 81

5. **Liebe – Schönheit – Manneskraft** 86
Der wohlduftende Körperpuder 89
Die ganz persönliche Hautcreme 91
Ihre Seife für zarte Hände 94
Kirschelixier für die Haut – Heidelbeeren für die Augen 95
Fenchel und Karotten 97
Das Kräuterschönheitsbad 98
Das Bad für schöne Hände 99
Der ›Jugendtee‹ für reife Frauen 100
Von Liebeszauber und Potenzmitteln 101
Konfitüre aus Ingwer 102
Ingwer als Gewürz 104
Das wahrhafte und eigentliche ›Gelée royale‹ 105
Das ›Rosenliebeselixier‹ 108
Die Kraftspeise – Eimixtur 109
Das Glückselixier aus Gurkenblüten 110
Salbei und Bohnenkraut 111

6. Die Tür zu allen Krankheiten ist – die Angst 114
Gurkenkraut gegen die Angst 116
Das Rezept der Mumie 119
Ein bitterer Vorwurf an Ärzte und Apotheker 120
Wer die Krankheit heilen will,
 muß den Menschen kennen 123
›Exerzitien‹ – als Heilbad für den Geist 124
Muskatnußöl macht frei 126

7. Füge dich ein – in die Schöpfung 127
Vom Talisman – Fluch und Segen 129
Barfuß – aus drei wichtigen Gründen 130
Finde deinen Platz 131
Jede Quelle ist ein Heilort 133
Finde deine Zeit 134
In Form bei zunehmendem Mond 136

Stichwortverzeichnis 140

Einleitung

DER SCHWÄRZESTE TAG DES SIEGERS ÜBER DEN SCHWARZEN TOD

In der kleinen südfranzösischen Stadt Agen an der Garonne gab es im Jahr 1530 eine Sensation: Der berühmte Pest-Bezwinger, der Arzt Michel Nostradamus, hatte sich dort niedergelassen und eine Praxis eröffnet. Im unbedeutenden Agen, nicht etwa in Paris oder Bordeaux oder Marseille. Ausgerechnet nach Agen war der siebenundzwanzigjährige Starmediziner gekommen, von dem man sich in ganz Frankreich wahre Heldentaten und unglaubliche Wunderdinge erzählte.

Michel de Notredame oder Nostradamus, wie er sich selbst nannte, war sogar am königlichen Hof in Paris wohlbekannt und geschätzt. Vielleicht, so sagte man sich in den Universitätsstädten Montpellier und Avignon, vielleicht hätte die Pest ganz Südfrankreich entvölkert, wäre dieser junge Mann der fürchterlichen Seuche nicht so unerschrocken und geradezu genial entgegengetreten. Er – zunächst fast ganz allein. Denn als die Universitäten der Ansteckungsgefahr wegen geschlossen wurden, als die berühmten Professoren und Ärzte fluchtartig die bedrohten Städte verließen, da blieb der Medizinstudent. Er wollte den Sterbenden helfen, die Kranken heilen und die Gesunden vor dem Leiden bewahren. Das war sein fast vermessen hohes Ziel.

Er hat es erreicht. Er versuchte ganz neue Methoden und war damit so erfolgreich, daß die Seuche gebannt werden konnte. Zuerst in Montpellier, dann in Narbonne, Toulouse und Bordeaux. Überall, wo die Pest auftauchte, war bald auch der Pestheiler Michel Nostradamus zur Stelle. Sein Kampf dauerte viele Monate. Der Sieger konnte 1529 endlich an die Universität zurückkehren, seine Studien beenden und sein Doktorexamen ablegen. Eine einmalige Karriere stand ihm bevor.

Zunächst schien auch alles programmgemäß zu verlaufen. Michel Nostradamus übernahm sofort nach seinem Examen ein Lehramt an der Universität in Montpellier. Aber diese Laufbahn war zu Ende, noch ehe sie recht begonnen hatte. Schon wenige Wochen nach seinem Antritt gab er den Posten wieder auf, vermutlich deshalb, weil ihn die trockene Theorie nicht befriedigen konnte. Er brauchte Menschen um sich.

Kurzentschlossen zog er nach Agen. Dort hatte er gute Freunde. Er eröffnete eine Praxis – und die Patienten standen Schlange vor seiner Tür. Sie kamen aus allen Himmelsrichtungen angereist. Michel Nostradamus lernte ein reizendes, wohlhabendes Mädchen kennen und heiratete. Es begann die glücklichste Zeit seines Lebens. Er bekam einen Sohn, bald darauf auch eine Tochter. Wahrscheinlich hätte man von diesem Arzt nie mehr etwas gehört. Er wäre untergetaucht im bürgerlichen Wohlergehen wie viele Millionen andere.

Aber dann kam der schwärzeste Tag seines Lebens. Er mußte die schändlichste Niederlage einstecken, das Schlimmste, was ihm überhaupt widerfahren konnte: Seine Kinder wurden krank, kurz darauf auch noch die Frau.

Und er, der gepriesene ›Wunderarzt‹, der Alleskönner, der Sieger über den ›schwarzen Tod‹ – versagte. Vielen zehntausend Menschen hatte er das Leben gerettet. Die eigene Familie mußte er zu Grabe tragen. Einen nach dem anderen. Der Sohn starb, das Töchterchen starb. Er konnte auch seine heißgeliebte Frau nicht retten. Eine bisher unbekannte Seuche raffte sie dahin. Es war nicht die Pest, sondern vermutlich die Diphtherie, gegen die es in der damaligen Zeit kein Mittel gab.

Das hallte wie ein Aufschrei durch die kleine Bischofsstadt und über das Land. »Ganz so tüchtig ist der Herr Doktor wohl doch nicht, wie wir geglaubt haben.« Er selbst war zutiefst erschüttert und fragte sich verzweifelt: »Was nur habe ich angestellt, daß Gott mich so erbarmungslos bestraft, mir alles wegnimmt, was mir das Liebste auf der Welt gewesen ist?«

AUF DER SUCHE NACH DEN GEHEIMNISSEN DES LEBENS

Michel Nostradamus wartete nicht darauf, ob nun auch noch die Patienten ausbleiben würden. Er wußte, daß man ihm, dem Glücklosen, dem Heimgesuchten fortan aus dem Weg gehen würde. Das Vertrauen war dahin, sein Stern jäh erloschen.

Also packte er ein paar Habseligkeiten zusammen, verriegelte die Tür seines Hauses in Agen, setzte sich auf sein Pferd und ritt davon. Ziellos. Nur weg. Weg von der Gegend, in der ihn jeder Mensch und jeder Stein an sein verlorenes Glück erinnerte.

Doch diese Flucht war nicht das Ende, sondern ein neuer Anfang, ein schmerzlicher Übergang zu einem viel bedeutenderen Michel Nostradamus.

Der gescheiterte ›Wunderheiler‹ wurde zum rastlosen Forscher und Sucher nach den Geheimnissen des Lebens. Sein langer Weg führte ihn durch halb Frankreich und über die Alpen hinab bis nach Sizilien. Was er an Wissen an den Universitäten nicht gefunden hatte, das begegnete ihm jetzt in Klöstern und Bibliotheken, in den Alchimistenküchen arabischer Magier, in den Schriften der altägyptischen, griechischen und römischen Weisen – und im einfachen Brauchtum der Menschen am Wegrand. Nostradamus hat nichts ausgespart, kein Gebiet ausgelassen. Er befaßte sich mit den Geheimlehren der jüdischen Kabbala. Er studierte das ›Elixier der Glückseligkeit‹ des arabischen Mystikers Al Ghasali (1058–1111) ebenso wie die Schriften des deutschen Meister

Eckehart (1260–1328). Er fand die Heilrezepte der heiligen Hildegard von Bingen (1098–1179) und las, was das Universalgenie Albertus Magnus (1200–1280) über die Natur und die Heilkräfte im Universum geschrieben hatte. Er stieß auf die Spuren seines Zeitgenossen, des Begründers der modernen Medizin Paracelsus (1493–1541). Er wollte alles wissen und begreifen – das Erlaubte und das Verbotene.

Für dieses Studium besaß er allerdings auch geradezu ideale Voraussetzungen – von seiner Art und seinem Ursprung her. Michel Nostradamus, am 14. Dezember 1503 geboren, stammte aus einer vornehmen und wohlhabenden französischen Bürgerfamilie. Sein Vater Jacques Nostradamus war Notar jüdischer Abstammung. Zu seinen Vorfahren gehörten namhafte Ärzte. In ihm floß aber auch das Blut der großen Propheten des Alten Testamentes, die wie er zum Stamm Isaschar gehörten.

Die Mutter Renée war eine Baronesse. In ihrer Familie gab es ebenfalls berühmte Ärzte und Mathematiker. Diese Mathematiker widmeten sich in erster Linie der Berechnung der Gestirnkonstellationen und waren somit eigentlich Astronomen und Astrologen zugleich. Besonders einer von ihnen, Johann de St. Remy, Michels Großvater, beherrschte diese Kunst und brachte sie schon dem kleinen Michel bei.

Da schließlich in den Familien Nostradamus und St. Remy gebildete Araber verkehrten, die viel über Zahlenmystik, Amulettzauber und Pflanzenheilkräfte berichteten, besaß der junge Michel eine viel breitere Wissensgrundlage und vielfältigere Talente als wohl die meisten seiner Zeitgenossen.

PROPHET, DICHTER, ASTROLOGE ODER ARZT?

Mancher Literaturwissenschaftler bedauert heute zutiefst, daß Michel Nostradamus immer nur als Prophet und Seher betrachtet wird. Sie hoffen, es könnte endlich einwandfrei nachgewiesen werden, daß das prophetische Werk wertlos ist, denn dann, so meinen sie, könnte der Weg frei werden, die beispiellose dichterische Qualität der über tausend Verse zu entdecken. Viele Ärzte sind ebenfalls der Ansicht, der Seher Nostradamus stehe dem Arzt Nostradamus im Weg. Sie halten es für ein Verhängnis, daß der Astrologe und Prophet den Arzt in den Hintergrund drängte.

Die Astrologen beanspruchen Nostradamus ganz für sich und bewundern den Mut und das enorme Wissen dieses Mannes, der weder die Inquisition noch die Drohung der ewigen Verdammnis gefürchtet hat. Bekanntlich war es im sechzehnten Jahrhundert streng verboten, sich mit der Astrologie zu befassen. Weniger angetan sind die Astrologen jedoch von der Tatsache, daß sich Nostradamus zugleich in Trance versetzte und Visionen hatte.

Die Hellseher und Wahrsager unserer Tage sehen in Nostradamus den einzigen wahren Propheten der neueren Geschichte. Sie können allerdings überhaupt nicht begreifen, warum er seine visionären Gesichte astrologisch überprüfte und korrigierte. Nicht selten versuchen sie sogar, den Astrologen überhaupt zu verschweigen, als hätte es ihn nicht gegeben.

Tatsächlich ist jedoch der Seher vom Arzt, der Astrologe vom Dichter nicht zu trennen. Nostradamus ist nur zu verstehen, wenn man ihn in all seinen Begabungen sieht und weiß, daß das eine erst aus dem anderen erwachsen konnte.

Sein seherisches Talent, dem er zunächst zutiefst mißtraute, entdeckte er beispielsweise bei seiner ärztlichen Tätigkeit. Wenn er zu einem Kranken gerufen wurde, so schildert er es selbst, dann wußte er oft schon bei der ersten Begegnung mit dem Patienten, was ihm fehlte und welches Medikament ihm helfen würde. Genau dieses instinktive Wissen, der Hellseher im Arzt, machte ihn zum erfolgreichen Mediziner.

Michel Nostradamus wußte mehr. Er brauchte nicht zu experimentieren, neue Medikamente auszuprobieren – er war von vornherein sicher. Das macht seine Rezepte so wertvoll – auch und gerade für unsere Zeit.

DAS GENIE DER ZEITENWENDE

Aber das ist nur eine Seite. Die andere – Michel Nostradamus war ein Mann der Zeitenwende. Bis zu seinen Tagen war Medizin keine Naturwissenschaft – sondern ein Zweig der Philosophie. Ohne zu wissen, wieso Fieber entsteht und wie Schmerzen zustande kommen, und ohne zu ahnen, welche Vorgänge sich dabei im Körper abspielen, ging man daran, die Übel abzustellen – mit philosophischen Grundsätzen: Der Wärme muß als ›Gegenmittel‹ die Kälte zugesetzt werden. Oder: Wenn bei einer Krankheit das Blut oder die Galle oder die Lymphe ins Stocken geraten ist, kann das alles nur mit einer Flüssigkeit wieder in Gang gesetzt werden. Das war beispielsweise ein Grund, warum Quecksilber, das einzige flüssige Metall, so häufig als ›Medikament‹ angewendet wurde. Zu den Heilpflanzen griff man nicht, weil sie bestimmte Wirkstoffe enthielten, sondern weil ihr Aussehen, ihr Duft oder ihr Geschmack ein Hinweis darauf waren, daß sie als Mittel für ein Leiden vorbestimmt sind.

Natürlich gab es auch damals schon einen reichen, jahrtausendealten Erfahrungsschatz über Heilmittel und Behandlungsformen. Wenn sich ein Mittel mehr oder weniger zufällig als wirksam erwiesen hatte, versuchte man gewissermaßen hinterher, die logische philosophische Begründung dafür zu finden. Aber verglichen mit streng naturwissenschaftlichen Methoden mußte das alles Stümperei bleiben – zumal das Wort der Bibel buchstabengetreu als unantastbare Wahrheit galt, an der nicht gerüttelt werden durfte: Die Welt war in sechs Tagen erschaffen, der Mensch aus Erde geformt, Eva stammte aus der Rippe des Mannes – und die Sonne drehte sich um die Erde – wider jede bessere Einsicht. Um nur ein Beispiel zu nennen, das besonders deutlich die schwierige Situation der Medizin im späten Mittelalter aufzeigt: Die höchste Autorität über alles Wissen war die Theologie. Der große Geist, der die Wissenschaft der damaligen Zeit in ein rundes, allgemeingültiges Schema zusammengefaßt hatte, hieß Thomas von Aquin.

Die Lehren des Dominikanerpaters aus dem 13. Jahrhundert (1225–1274) gelten auch heute noch weitgehend als Grundlage jeder Wissenschaft überhaupt.

Aber natürlich sind ihm, dem bestechend scharfsinnigen Denker, auch grobe Fehler unterlaufen, weil er viele Zusammenhänge einfach noch nicht kennen konnte. So wußte er sehr wohl um die massiven Einflüsse des Wetters auf das menschliche Befinden. Aber seine Deutungen waren teilweise falsch. Er beobachtete etwa, daß sich auf Fleisch Maden bilden, wenn man es an die Sonne legt. Er schloß daraus, daß die Sonne dieses Leben zeugt. Er fragte sich, wieso es zweierlei Menschen gibt und wie das überhaupt zustande kommen kann, wo der Zeugungsakt doch immer auf gleiche Weise vollzogen wird. Seine Schlußfolgerung: Mädchen sind ›verpfuschte‹ Buben. Eigentlich müßte jedes Kind ein Junge sein. Wenn das nicht der Fall ist, hat der Föhn oder ein anderer Wettereinfluß den ›Fehler‹ verursacht.

Solche Meinungen, von der unumstrittenen Autorität Thomas von Aquin ausgesprochen, wurden auch im sechzehnten Jahrhundert, zur Zeit des Nostradamus, kaum angezweifelt. Damals glaubte man noch ganz selbstverständlich, daß männlicher Samen, der nicht in den weiblichen Körper ergossen, sondern ›vergeudet‹ wird, sich unter bestimmten Voraussetzungen zu bösen Geistern entwickelt, die dann unsichtbar ihr Unwesen treiben. Ohne daß man heute solche Zusammenhänge noch kennt, wird die Masturbation noch immer als schwere Sünde eingestuft.

Zur Zeit des Michel Nostradamus liefen die Humanisten wie Erasmus von Rotterdam, aber auch Ärzte wie Paracelsus gegen solche Mißverständnisse Sturm. Sie führten ein neues Denken und eine neue Wissenschaft ein. Paracelsus ging als erster mit seinen Schülern zu den Krankenbetten und zeigte ihnen, wie Krankheiten entstehen und wie man kranke Menschen heilt. Für ihn war die Natur der wahre Lehrmeister, jede Pflanze, jedes Mineral ein Lehrstück, das es zu erforschen galt.

Diese Pionierleistung kann man gar nicht hoch genug einschätzen. Allerdings, wie das naturgemäß immer so ist bei Revolutionen – die Naturwissenschaftler haben nicht nur das beseitigt, was an der alten Denkweise überholt oder falsch war, sondern sie haben das ganze, gewaltige Gedankengebäude zum Einsturz gebracht.

Paracelsus gestand jeder Pflanze, ja jedem winzigen Salzkorn noch ein ›Arkanum‹ zu, eine geheimnisvolle Lebenskraft. Und er war überzeugt, daß jedes Teilchen der Schöpfung seinen ganz bestimmten Platz im Universum einnimmt und mit allen anderen Kräften und Wesenheiten in ständiger Wechselbeziehung steht. Er sprach noch von den ›inneren Planeten‹, die im gesunden Körper in Harmonie und Ausgewogenheit kreisen – im Einklang mit den Gestirnen im Kosmos.

Solche ›Phantastereien‹ fanden im Umfeld nüchterner Erfahrungswissenschaft keinen Platz mehr. Es hat nahezu vierhundert Jahre gedauert, bis in unsere Tage nämlich, bis diese Weisheiten wiederentdeckt wurden.

SEINE HEILKUNST IST DIE MEDIZIN VON MORGEN

In den geheimen Heilrezepten des Michel Nostradamus findet sich jedoch sehr ausgeprägt und überraschend deutlich genau diese traditionelle Vorstellung von der Gesundheit. Aber einbezogen und gewissermaßen vorweggenommen sind bereits naturwissenschaftliche Einsichten in die Funktionen des Körpers und in die Wirkkräfte der Heilmittel. Nostradamus bietet das Wissen der Vergangenheit und der Zukunft. Er war nicht einfach ein Naturheiler, der beschrieben hätte, welche Pflanzen und welche Teesorten bei welchen Leiden anzuwenden wären. Auch in diesem Punkt war er seinen Nachfolgern weit voraus. Er wußte um die gegenseitige Beeinflussung von Körper und Seele. Er hat schon beschrieben, wie verheerend sich Angst und ›Melancholie‹ auf das körperliche Befinden auswirken. Deshalb hilft der Tee seiner Meinung nach nur, wenn er in der rechten Einstellung und Geisteshaltung zubereitet und getrunken wird. Und der Körper reagiert auf Medikamente immer anders, je nachdem, ob sie morgens oder abends, bei schönem oder schlechtem Wetter eingenommen werden. Die junge Lehre der Psychosomatik konnte erst ab der Mitte des zwanzigsten Jahrhunderts solche Gedanken bestätigen.

Doch Michel Nostradamus ist wiederum weit voraus. Und das ist hochaktuell und entspricht modernsten Einsichten: Die gegenseitige Beeinflussung beschränkt sich nicht auf Seele und Körper. Gefühle wie Haß, Liebe, Eifersucht, Angst übertragen sich auf die Gegenstände, mit denen wir umgehen, auf die Nahrungsmittel, die wir zu uns nehmen, auf die Pflanzen, mit denen wir zusammenleben. Und: Unsere Umwelt ist ständig in alles, was wir tun, miteinbezogen. Wir können nicht so tun, als würde sie nicht existieren.

Vor wenigen Jahrzehnten noch hätte man über derartige Vorstellungen schallend gelacht. Plötzlich beginnen wir zu begreifen, was der Arzt und Seher wirklich gemeint hat. Nicht Aberglaube begegnet uns in seinem Werk – sondern ein Wissen, das neue Dimensionen eröffnet.

»*Geht abends nicht aus, um irgendwo bei fremden Leuten zu essen, sondern bereitet euch die Mahlzeit selbst. Denn ihr wißt ja nicht, ob der Koch das Essen frohen Herzens zubereitet hat. War er nämlich wütend, verärgert, deprimiert oder gar haßerfüllt, dann hat sich diese negative Kraft auf die Speisen übertragen – und ihr nehmt sie mit dem Essen auf. Und hinterher wißt ihr nicht, warum ihr plötzlich verstimmt oder gar krank seid... Wenn ihr euer Essen selbst kocht, dann singt dabei ein frohes Lied. Denkt an etwas Erfreuliches. So könntet ihr euer Mahl mit positiver Lebenskraft anreichern...*«

So hat man vor vierhundert Jahren gedacht und geschrieben. Das ist aber zugleich modernste Heilkunst – eine ganz neue Lebensart. Michel Nostradamus wußte es – dank seiner seherischen Fähigkeiten. Die Bestätigung fand er auf seiner Reise durch Frankreich und Italien.

DER RETTER WIRD ZURÜCKGERUFEN

Dieses ›Studium des codex naturae‹, des Lehrbuches der Natur, mußte er allerdings im Jahr 1546 ganz schnell abbrechen. Man hatte ihm nämlich einen Boten nachgeschickt mit der dringenden Bitte: »Komm schnell heim. Hilf uns. Bei uns ist erneut die Pest ausgebrochen.« Kein Zweifel, im dringenden Notfall wollten sich die Südfranzosen nur auf einen verlassen – auf den Pestbezwinger Michel Nostradamus. Man hatte ihn nicht vergessen.

Er kehrte nach Aix-en-Provence zurück und stürzte sich, wie vor achtzehn Jahren schon einmal, in den Kampf gegen die Seuche. Aber er war in den vielen Jahren ein anderer geworden. Das offenbart die meisterliche Schilderung der Pestseuche, die er bei seiner Rückkehr antraf. In seinem kleinen Buch ›Die wahre und perfekte Schönheitspflege des Gesichts und die Gesunderhaltung des ganzen Körpers – mit vielen geheimen, sehnlichst erwarteten und bisher unbekannten Rezepten‹, im Jahr 1557 in Antwerpen gedruckt, beschreibt er die Schrecken:

»Im Jahr 1546 wurde ich von der Stadt Aix-en-Provence angestellt, um im Auftrag des Senats und der Bevölkerung den Ort vor der Pest zu retten. Sie wütete schrecklich und entsetzlich. Im Mai des Vorjahres war sie ausgebrochen und sollte insgesamt neun Monate lang dauern. Die Leute starben, wie man es noch nie erlebt hatte. Während des Essens und Trinkens. Die Friedhöfe waren derart mit Leichen überfüllt, daß sich bald kein Platz mehr finden ließ, um die Toten in geweihter Erde beizusetzen. Die meisten Kranken fielen am zweiten Tag in Wahnsinn und Raserei. Diese bekamen keine Beulen. Bei anderen dagegen zeigten sich die Pestbeulen. Sie starben ziemlich rasch, manchmal während sie noch redeten, ohne dabei die Lippen zu bewegen. Unmittelbar nach ihrem Tod war ihr ganzer Körper mit schwarzen Beulen bedeckt. Die anderen, die im Wahnsinn starben, besaßen einen Urin, der aussah wie Weißwein. Nach ihrem Tod war die Hälfte ihres Körpers so blau wie der Himmel.

Das gestockte Blut hatte sich unter der Haut angesammelt. Der Kontakt mit den Kranken war so gefährlich, daß jeder, der sich ihnen auf fünf Schritte näherte, krank wurde.

Mehrere von ihnen hatten auf der Brust und auf dem Rücken und an den Beinen den Brand. Die Haut war schwarz wie Kohle. Jene, die das am Rücken hatten, wurden von einem schlimmen Jucken gequält. Die meisten von ihnen besaßen allerdings eine Überlebenschance. Alle aber, die den Brand auf der Brust hatten, kamen ums Leben.

Ein paar Patienten hatten die Krankheitszeichen zunächst hinter den Ohren. Sie lebten noch sechs Tage lang. Ich habe beobachtet, daß sie sehr viel häufiger am sechsten als am siebten Tag starben.

Anfänglich überlebte kaum einer die Seuche. Bei den Gezeichneten zeigten weder Herzmedikamente noch Gebete die geringste Wirkung. Die ›Ernte der Menschheit‹ im wahrsten Sinn des Wortes fand statt. Der Sturm der Krankheit war so entflammt, daß es kaum ein Entrinnen gab.

Die Behörden nahmen die ganze Stadt in Augenschein und ließen die Pestkranken hinauswerfen. Aber am nächsten Tag fand man mehr Kranke als zuvor. Es gab kein Mittel, das der Pest wirkungsvoller vorgebeugt hätte als meine Methode: Alle, die mein Mittel bei sich hatten und es kauten, blieben verschont. Gegen Ende der Epidemie ließ sich dann auch in einem Experiment bestätigen, daß dieses Mittel tatsächlich vor der Ansteckung bewahrt. Obwohl es eigentlich nicht hierhergehört, wollte ich es in diesem Zusammenhang doch erwähnen, um anzudeuten, welche Hilfe uns während der Pestepidemie zuteil wurde.

Die Pest war so bösartig und so entsetzlich, daß man darin eine Strafe Gottes sehen mußte. Denn in der unmittelbaren Umgebung von Aix-en-Provence gab es Orte ohne einen einzigen kranken Menschen. Die ganze Stadt war jedoch so verseucht, daß allein schon der Anblick eines Angesteckten genügte, um selbst infiziert zu werden. Lebensmittel gab es in Überfülle und in Vielfalt beinahe zu Spottpreisen. Doch der Tod kam so plötzlich und so galoppierend da-

her, daß der Vater mehrerer Kinder es kaum wahrnahm, wenn wieder eines von ihnen dahingerafft war. Manch einer hat Frau und Kinder im Stich gelassen, um alsbald feststellen zu müssen, daß er selbst mit der Krankheit geschlagen war. Viele jener Pestkranken, die sich wie Wahnsinnige gebärdeten, stürzten sich in den Brunnen. Andere sprangen aus dem Fenster in die Tiefe auf das Straßenpflaster. Wieder andere, die den Brand auf der Brust hatten, bekamen Nasenbluten, das über Tag und Nacht heftig andauerte, bis sie starben. Schwangere Frauen verloren ihr Kind vorzeitig und starben am vierten Tag danach. Fand man ein plötzlich verstorbenes Kind, dann war der kleine Körper über und über violett, als hätte sich das ganze Blut in der Haut verteilt.

Um es kurz zu machen – die Verzweiflung war so groß, daß man häufig mit Gold und Silber in den Händen starb, ohne noch einen Schluck Wasser dafür bekommen zu haben. Als ich damit anfing, den Kranken Medikamente zu verordnen, brachte man sie zu mir, in einem so erbärmlichen Zustand, daß viele noch mit dem Medikament im Mund starben.

Unter den unvergeßlichen Begebenheiten, die ich erlebte, blieb eine besonders in meiner Erinnerung: Eines Tages ging ich zu einer Frau. Ich rief durchs Fenster nach ihr, und sie wiederholte, was ich ihr gesagt hatte. Als sie vom Fenster zurücktrat, bedeckte sie sich selbst mit dem Leichentuch, wobei sie bei den Füßen begann. Als die ›Alarbres‹ in das Haus traten, so nannte man in unserer provencalischen Sprache die Männer, die alle Toten wegtrugen und begruben, fanden sie die Frau tot neben ihrer Schwester mitten Haus liegen. Sie hatte sich gerade noch bis zur Hälfte zudecken können.

Es war in der Tat ein schwieriges Amt für den Arzt...«

› FAUST‹ IN SALON-DE-PROVENCE

Aber wieder stand am Ende des Kampfes gegen den ›schwarzen Tod‹ der Sieg des tüchtigen Stadtarztes.

1548 rief man ihn nach der Stadt Salon-de-Provence. Dort war die Pest ebenfalls aufgeflammt. Nostradamus konnte die Epidemie im Keim ersticken.

Und nun begann die dritte große Karriere des Michel Nostradamus.

Er blieb in Salon und heiratete zum zweitenmal. Seine Frau Anna Pontia Gemella war sehr reich. Nostradamus bekam kurz hintereinander sechs Kinder von ihr, drei Buben und drei Mädchen.

Eigentlich hätte er es, fast fünfzig Jahre alt, nun etwas gemächlicher angehen lassen können. Doch das entsprach nicht seiner Art, schon gar nicht seinem Temperament. Die große Unruhe, das rastlose Suchen ging weiter.

Johann Wolfgang von Goethe hat in seinem ›Faust‹ dieses Genie beschrieben, den Forscher, der immer mehr wissen und der Menschheit mitteilen wollte und der bereit war, dafür beinahe alles zu opfern.

Als Arzt, so scheint es, war er einfach zu gut. Obwohl die Patienten aus allen Gegenden zu ihm kamen, schrumpfte ihre Zahl, weil die Leute schon nach dem ersten, spätestens dem zweiten Besuch gesund waren und keinen Doktor mehr brauchten.

Nostradamus hatte also viel Zeit und begann Kalender zu verfassen. Sie enthielten Gesundheitstips, Wetterratschläge, aber auch prophetische Vorhersagen für die Zukunft. Einige dieser Kalender sind erhalten, so daß sich der Arzt Nostradamus wenigstens in Bruchstücken noch erkennen läßt.

Er befaßte sich daneben mit magischen und alchimistischen Experimenten. Wie alle großen Geister seiner Zeit suchte er nach dem ›Stein der Weisen‹, wahrscheinlich auch nach der Möglichkeit, aus Blei und Eisen Gold zu machen. Wenn man heute mitleidig darüber lächeln möchte, darf man nicht vergessen, daß das kein Hokuspokus war, sondern von der zweifellos richtigen Grundkenntnis ausging, daß alle Materie letztlich aus denselben Bausteinen zusammengesetzt ist – aus Atomen, Neutronen, Protonen, wie wir heute sagen würden. Die Experimente wurden Nostradamus selbst so unheimlich, daß er eines Nachts, wie er selbst schreibt, die umfangreichen Aufzeichnungen vernichtete, damit sie nicht in falsche Hände gelangen:

>»Während die magischen Schriften verbrannten, die Flamme sie verzehrte und in die Höhe züngelte, entstand eine ungewöhnliche Helligkeit. Sie war heller als das natürliche Licht, so wie das blitzende Feuer eines Gewehrs. Es erleuchtete das Haus so plötzlich, als wäre ein jäher Brand entstanden...«

Diese Zeilen aus einem Vorwort zu seinen Centurien schildert die Geburtsstunde des Propheten Nostradamus, das erste Erlebnis des Trancezustandes, in dem er fortan ganze Nächte zubrachte. Mit Hilfe alter Rituale, die auch schon die Pythia von Delphi benutzt hatte, gelang es ihm, jederzeit in Trance zu verfallen. Er setzte sich auf einen eisernen, dreifüßigen Schemel, stellte die Füße in einen Bottich, aus dem irgendwelche giftigen Dämpfe aufstiegen. Diese Dämpfe atmete er ein. Und dann tauchten die Bilder und Szenen vor seinen Augen auf, die er in Versen festgehalten hat:

>»Ich sitze nachts bei geheimen Studien. Ich habe Platz genommen auf dem eisernen, dreifüßigen Schemel. Ich bin allein.
>Die winzige Flamme steigt aus der Einsamkeit und läßt hervorsprießen, woran man nicht vergeblich glauben soll.
>
>Die Wünschelrute in der Hand bin ich versetzt in das Reich des Branchus. Das Wasser netzt mir die Füße und den Saum. Durch die Zweige überkommt mich Furcht. Meine Stimme zittert.
>Göttliches Leuchten. Das Göttliche läßt sich bei mir nieder.«

So heißt es in zwei Vierzeilern.

Und so, darf man annehmen, verbrachte Michel Nostradamus fortan viele Nächte. Das Erbe seiner Vorfahren, der großen alten Propheten, war durchgebrochen.

SEHER UND LEIBARZT DES KÖNIGS

Um aber ganz sicher zu gehen und den Visionen auch präzise Orts- und Zeitangaben beifügen zu können, überprüfte der Seher seine Visionen am nächsten Morgen mit Hilfe astronomischer Berechnungen. Diese waren so exakt und gründlich, daß er auf den Tag genau die große Sonnenfinsternis voraussagen konnte, die am 11. August 1999 stattfinden wird.

Nun war der Arzt und Astrologe und Seher Michel Nostradamus, der ein ungewöhnliches Arbeitspensum geleistet hat, aber ein dreifach gesuchter Mann. Die einen erwarteten von ihm die Heilung von einem schmerzhaften Leiden, andere wollten erfahren, ob sich ihr Geschick in der Zukunft bessern würde. Dritte baten ihn um einen hellseherischen Blick in die Zukunft. Vierte kamen oder riefen ihn, um alle drei Dienste zusammen in Anspruch zu nehmen.

Unter ihnen befand sich auch der König von Frankreich, Heinrich II. Im Jahr 1555 ließ er Nostradamus nach Paris bitten. Am 16. August 1556 traf der Seher dort ein. Die eigentlich treibende Kraft hinter dem König war zweifellos die Königin Katharina von Medici. Diese beherrschende Figur am französischen Königshof machte kein Hehl aus ihrer Begeisterung für Michel Nostradamus. Sie glaubte an seine Fähigkeiten, beschützte ihn vor den kirchlichen Ketzerverfolgern und besuchte das Genie sogar ganz offiziell in Salon-de-Provence. Acht Jahre nach seinem Pariser Aufenthalt kam sie als Witwe, zusammen mit ihrem Sohn, König Karl IX., zu Nostradamus. Der König ernannte ihn zu seinem Leibarzt. Katharina von Medici ist es zu verdanken, daß viele Rezepte des hellseherischen Arztes erhalten blieben. Sie hat sie aufzeichnen lassen.

Michel Nostradamus ist nicht ganz dreiundsechzig Jahre alt geworden. Bis zu seinem letzten Tag, so berichtet sein Freund Jean-Aime de Chavigny, war er gutgelaunt und heiteren Gemüts, ein Mann, begabt mit sonnigem Humor.

Daraus hat man oft die Folgerung gezogen, er müßte doch ein arger Scharlatan gewesen sein. Denn, so sagte man sich, wer wirklich so schlimme Ereignisse voraussah, wie er das angeblich konnte, und felsenfest davon überzeugt war, daß alles so kommen würde, der müßte verzweifeln und vor Gram und Elend verstummen. Aus ähnlichen Überlegungen lehnen auch heute viele Menschen die Prophezeiungen des Nostradamus ab. Sie können den Gedanken nicht ertragen, daß es in der Zukunft Schrecken gibt, die unausweichlich sind. Und deshalb sagen sie: »Selbst dann, wenn es eine absolute Gewißheit gäbe, daß der dritte Weltkrieg bevorsteht und Atombomben fallen, müßte man sich mit aller Kraft und Entschiedenheit dagegen auflehnen.«

Aus der Angst vor der Zukunft und den verkrampften Bemühungen, sich gegen das Schicksal aufzubäumen, resultieren die meisten Krankheiten, sagt Michel Nostradamus. Er selbst kannte seine Todesstunde. Er hatte sie astrologisch berechnet und in einem Kalender rot angekreuzt: 2. Juli 1566. Neben diesem Datum stand: »Hier ist der Tod zur Stelle.«

Am Vorabend seines Sterbetages saß er mit de Chavigny zusammen. Die beiden tranken einen guten Tropfen, sie diskutierten und scherzten, wie sie das so oft getan hatten. Beim Abschied sagte Nostradamus fast beiläufig: »Adieu, mein Freund. Morgen früh bei Sonnenaufgang bin ich nicht mehr unter den Lebenden.« De Chavigny lachte nur. Er hielt das für einen der makabren Scherze von Nostradamus. Doch am nächsten Morgen starb Nostradamus wirklich. Als er sehr früh aufstand, weil ihm ein schwerer Angina-pectoris-Anfall die Brust zusammenschnürte, brach er auf der Bank neben dem Bett tot zusammen. Es geschah am 2. Juli 1566, dem vorausberechneten Datum.

Jetzt erst verstand seine Familie und begriffen seine Freunde, was er vor langer Zeit schon in Versform in einen seiner Kalender drucken ließ:

»Es gibt nichts mehr zu tun. Ich gehe zu Gott.
Es kommen die Nächsten, die Familie, Blutsbrüder.
Ich werde von ihnen auf einer Bank gefunden. Tot.«

So selbstverständlich waren für ihn das Leben und das Sterben. Angst bereitete ihm beides nicht.

1
Das ›Allheilmittel‹ des Wunderarztes

Je mehr man in den alten Rezepten kramt und versucht, die Sorgen und Probleme früherer Jahrhunderte zu ergründen, desto verblüffter stellt man fest: Im Grunde hat sich überhaupt nichts verändert.

Was erwarteten die Menschen vor vierhundert Jahren von einem Arzt? Wohlergehen. Befreiung von Schmerzen. Das war damals wie heute selbstverständlich das erste Motiv. Gleich danach kamen jedoch die wohl ewig gleichen Wunschvorstellungen – ewige Jugend, Vitalität bis ins hohe Greisenalter, gutes Aussehen – und Liebeskraft. Die wohl wichtigste Schrift des Arztes Michel Nostradamus verrät das schon in ihrem Titel: ›Die wahre und perfekte Verschönerung des Gesichtes...‹ Das wurde wenige Augenblicke, nachdem die Menschen mit Mühe und Not der Pestseuche entronnen waren, geschrieben!

Das kleine Buch enthält Rezepte zur Beseitigung von Narben, Pigmentfehlern, Falten. Nostradamus verrät, wie sich eine von Wind, Wetter und Sonne ›gegerbte‹ Haut aufhellen läßt und wie man ihr den zarten Teint und die seidene Weichheit zurückgibt. Er gibt Anweisungen zur Herstellung wirksamer und wohlriechender Salben, Pudersorten und Seifen und sagt auch, wie man sich die Haare färbt. Dabei wendet er sich aber keinesfalls nur an Frauen - sondern eher noch an die Männer und deren ausgeprägte Eitelkeit.

Nostradamus wußte sehr wohl, wie wichtig solche scheinbar unbedeutenden ›Äußerlichkeiten‹ für das Glück eines

Menschen sein können. Er hat sie deshalb keineswegs gering geachtet. Und er fühlte sich auch nicht zu schade, kosmetische Präparate zu entwickeln. »Der Mensch als Geschöpf und Ebenbild Gottes«, so sagte er, »hat die Pflicht, sich schön zu machen und seinen Körper ebenso zu pflegen wie Seele und Geist.«

Doch im selben Augenblick ließ er keinen Zweifel daran, daß alle Mittel, die von außen ebenso wie die von innen, so gut wie nichts nützen, solange sich die körperlichen, seelischen und geistigen Kräfte einer Person nicht im Einklang befinden.

DER KRANKE BISCHOF VON CARCASSONNE

Deshalb steht im Mittelpunkt seiner ärztlichen Ratschläge das von ihm entwickelte Universalheilmittel, von dem er sagt, daß es sowohl den Geist anregt, die Seele aufheitert als auch den Körper kräftigt. Michel Nostradamus hat dieses Grundallheilmittel für den Bischof von Carcassonne zusammengestellt.

Monsignore Ammanien de Foys, eine offensichtlich angekränkelte Persönlichkeit, bei der man den Eindruck hatte, »das Leben wäre schon halbwegs aus dem Körper gewichen«, wie Nostradamus es ausdrückt, ließ eines Tages den berühmten Arzt aus Salon-de-Provence zu sich kommen. Der Bischof fühlte sich elend und schwach, wir würden heute sagen: ausgebrannt. Sein geistliches Amt und politische Streitereien hatten ihn schon in jungen Jahren niedergedrückt und seine Kräfte erschöpft.

Nostradamus fand einen Mann vor, der sich nur mühsam in seinem Thronsessel aufrecht halten konnte. Der Blick war melancholisch, müde, die ganze Gestalt blutleer, durchsichtig.

Für diesen Bischof stellte der Arzt ein auf den ersten Blick geradezu lächerlich einfaches Kräutermittel her. Aber, so sagt er, dieses wirkt geradezu sensationell:

»Für die Wissenschaft der Medizin ist die Lebenskraft nichts anderes als eine gewisse natürliche Wärme. Sinkt sie ab, dann schwindet das Leben. Durch mein Mittel wird die depressive Grundstimmung vom Blut her verändert. Man könnte das mit einem Bild vergleichen: Die beiden menschlichen Stimmungsrichtungen (Freude auf der einen Seite – Verzweiflung, Depressionen auf der anderen) sind sich in jedem Punkt total entgegengesetzt – und zwar vergleichbar dem Dampf, der aus der Wärme steigt, und dem naßkalten, verderblichen Nebel, der aus der Kälte hochkriecht. Mein Mittel fügt die zerrissene Person wieder zusammen. Wenn jemand traurig oder depressiv ist, macht ihn diese Medizin froh und leicht. Ist ein Mensch schüchtern, wird er durch das Mittel forsch und wagemutig. Ist er schweigsam, wird er beredt. Mehr noch! Der Böse verhält sich fortan verträglicher und weniger aggressiv. Den Greis macht es jung, als wäre er erst dreißig Jahre alt. Wenn das Haar anfängt, grau zu werden, wird dieser Prozeß aufgehalten: Die Haarfarbe verändert sich nicht mehr. Der Betroffene wird bald aussehen, als wäre er nur halb so alt, wie er in Wirklichkeit ist. Das Herz erholt sich, damit stabilisiert sich die ganze persönliche Verfassung. Der üble Mundgeruch ist weg. Das Fieber verschwindet. Man hat keine Kopfschmerzen mehr und bleibt auch von anderen Übeln und Beschwerden verschont.

Die Gemütslage pendelt sich wieder so ins Gleichgewicht, wie sie es natürlicherweise bei der Geburt einmal gewesen ist.

Selbstverständlich vermag das Mittel nicht alles. Jener, der uns beigebracht hat, wie man zur Welt kommt, hat uns auch zu sterben gelehrt. Doch die Belebung, die mein Mittel bewirkt, ist so erholsam, daß das Leben letztlich verlängert wird. Man kann dank seiner Hilfe so alt wie Methusalem werden – fällt man nicht einem Unfall oder sinnloser Prasserei zum Opfer.

Wer die Anlage besitzt, die Schwindsucht (Tuberkulose) zu bekommen, sei es die erste, die zweite oder dritte Art, bekämpft und verjagt die Gefahr. Während der Pest hat mein Mittel, vorbeugend eingenommen, vor der Seuche bewahrt. Wer sich bereits angesteckt hatte und nicht länger als höchstens zehn Stunden krank war, konnte sicher sein, daß er davonkommen würde.«

Dem Bischof jedenfalls und vielen tausend anderen Patienten des Nostradamus scheint es geholfen zu haben. Jedenfalls, so versichert Nostradamus, hat Monsignore Ammanien immer wieder nach dem Wundermittel schicken lassen. Er soll damit seine Niedergeschlagenheit völlig überwunden haben und schließlich steinalt geworden sein.

Hier ist das Rezept: Als Zutaten werden benötigt:

Talk (Speckstein), Perlmutter, Korallen, Lapislazuli – von jedem etwa 15 Gramm
Etwas abgeschabtes Pulver von Elfenbein (wenn möglich die Hälfte vom Elefantenzahn, die Hälfte vom Nashornzahn).
2 Stückchen vom Hirschgeweih, zermahlen
Aloeholz, Zimtmark – je zehn Gramm
Rosenöl, Boretschsaft, Veilchenöl – je 3 Gramm
6 eingelegte Nüsse
Mit viel Zucker eingelegte Schalen von Zitronen –
2 Gramm
Eingemachter Ingwer – 20 Gramm
Myrobalanenkonfitüre (asiatische Steinfrucht), eingemachte Pomeranzen, eingelegter Lattich (Salat), eingelegter Kürbis – je 30 Gramm, Gold, von der feinsten Münze abgefeilt, etwa 1 Messerspitze
Amber – 2 Gramm
Senna, Moschus – je 6 Gramm
feine Seide – etwa 150 Gramm
Zubereitung: Die festen Zutaten werden fein zermahlen, die Pulver gut miteinander vermischt. Die eingelegten Früchte und Konfitüren zerstampft man in einem Steinmörser und vermischt sie mit dem Goldstaub. Dann wird alles zusammengeschüttet und durchgeknetet.

Dann bringt man die Seide mit 60 Gramm Pulver der Scharlach-Frucht in je einem halben Liter sehr süßen Apfelsaft und Rosenwasser zum Kochen. Es muß so lange kochen, bis Seide und Saft rot geworden sind.

Dann gießen Sie den Saft durch ein Tuch und pressen es so kräftig wie möglich aus.

In den gefilterten Saft geben Sie jetzt 150 Gramm Zucker und lassen den Saft auf nicht zu starker Flamme zu Sirup eindicken. Wenn er schön dick geworden ist, gießen Sie ein gutes Glas Weißwein hinein und lassen den Sirup erneut aufkochen. Dann nehmen Sie den Sirup vom Feuer, geben grauen Amber und Moschus hinzu, den Moschus aber erst, wenn der Sirup kalt geworden ist.

Jetzt werden alle Zutaten zusammengeschüttet und vermengt. Rühren Sie das Ganze eine halbe Stunde lang gut um.

Nehmen Sie schließlich 100 Gramm Boretschkonfitüre und 30 Gramm Pulver der Arnika-Wurzel und mischen Sie das unter den Brei. Wenn Sie wollen (und haben) können Sie noch einmal etwas Goldstaub darüberschütten. Fertig.

Füllen Sie die ›Kraftspeise‹ in ein Gold- oder Silbergefäß oder ein Glas, das sich gut verschließen läßt.

So seltsam sich ein solches Rezept anhören mag: Nach Kenntnis moderner Forschung enthält es rein alles, was der menschliche Organismus braucht. Und es ist alles reinste Natur, nichts von okkultem Zauber, nichts von Magie, wie man immer wieder so gern in derartige ›Geheimrezepte‹ hineininterpretieren wollte. Nostradamus braucht keinen Mäusedreck, keine Spinnenbeine oder Krötenschleim, zu mitternächtlicher Stunde gewonnen.

Von diesem ›Wundermittel‹ soll man vormittags, etwa eineinhalb Stunden vor dem Mittagessen, einen halben Teelöffel voll in einem Schluck Wein verrührt trinken.

Michel Nostradamus wiederholt noch einmal die Vorzüge seiner Grundmedizin:

> *»Dieser kleine Schluck bewahrt vor Unwohlsein und Krankheit. Er kräftigt das Herz, den Magen, das Gehirn, heilt die Epilepsie bei Jugendlichen unter zwanzig Jahren, verschafft Ausgeglichenheit, hält vorzeitiges Altern auf.*
>
> *Meine Patienten, die das Mittel während der Pestepidemie eingenommen haben, blieben einen Tag lang von jeder*

Ansteckung befreit. Eine Messerspitze davon ernährt vortrefflicher als ein ganzer Laib Brot. Sie schützt auch vor Krankheiten wie der Lepra, vertreibt Depressionen und lindert Bauchschmerzen. Wie wunderbar es aber tatsächlich ist, das erkennt man erst so richtig, gibt man es mit Gurkenwasser (es wird später beschrieben) einem Patienten, der mit dem Tode ringt. In der Auseinandersetzung der Natur mit der Krankheit schenkt es so viel Kraft und Widerstandsfähigkeit, daß sich die Krise zum Guten wendet. Das Übel wird überwunden. Das Mittel wirkt nämlich speziell auf das Herz hundertmal stärker als alles andere.

Auch dann, wenn eine Frau zu Fehlgeburten neigt, kräftigt es die Gebärmutter so ausgezeichnet, daß sie die Frucht halten kann.

Schließlich ruft es Bewußtlose sofort ins Leben zurück. Die gelehrten Mediziner der Universitäten haben sich nach und nach von der Kraft dieses Mittels überzeugen lassen. Sie finden nur lobenswerte Anerkennung...«

HEILMITTEL GOLD UND MINERALIEN

Verwirrend für unsere moderne Vorstellung von Medikamenten ist bei diesem Rezept die Verwendung von Gold und zermahlenen Steinen. Aber das zeigt eben, daß Michel Nostradamus kein ›Kräuterapostel‹ war, der sich auf Rosmarin und Fencheltee verlassen hätte. Er setzte aber das Edelmetall und den Halbedelstein auch nicht ein, weil sie etwa besondere Kostbarkeiten darstellen, sondern weil er vor vierhundert Jahren bereits wußte, daß der Körper neben Zucker und Fett und Eiweiß auch Mineralstoffe, Vitamine und Metalle braucht – wenngleich nur in winzigen Spuren. Und zwar vornehmlich jene Substanzen, die sich in der Heimaterde finden lassen.

Das hört sich wieder nach Zauberküche und Hexeneinmaleins an – doch das haben erst jene daraus gemacht, die für die Denkweise des Mittelalters kein Verständnis aufbrachten.

Hinter allem steckt eine ganz einfache, logische Überlegung: Wie alle Kreaturen, so sagten sich schon überragende Geister wie Albertus Magnus, so ist auch der Mensch seiner körperlichen Beschaffenheit nach das Ergebnis der Umwelt, in die er hineingeboren wurde. Der Boden mit all seinen Schätzen, die Luft mit ihrem typischen Klima, das Wasser mit seiner unverwechselbaren ›Färbung‹ – kurzum, die Natur mit ihrer ganzen Fülle hat unseren Körper zu dem werden lassen, was er ist. Ohne diese Umwelt könnte er überhaupt nicht existieren.

HEILQUELLE HEIMAT

Paracelsus und auch Nostradamus haben aus diesem Grund kranken Menschen häufig den Rat gegeben:
»Kehrt an den Geburtsort, möglichst sogar in das Geburtshaus zurück, und wäre es nur für eine kurze Erholungspause. Jener Ort ist wie eine natürliche Vorratskammer, die alles enthält, was ihr zur Gesundung braucht. Nirgendwo sonst könnt ihr so rasch und so ausgewogen das natürliche Heilmittel finden in allem, was ihr einatmet, eßt und trinkt.«

Möglicherweise ist das ein ganz wichtiges ›Rezept‹ für die Urlaubs- und Kurgestaltung in unseren Tagen, in denen so viele Menschen entwurzelt sind und nicht zuletzt deshalb krank werden: Wer sich nicht wohl fühlt, der sollte heimkehren.

Und noch einen Schritt weiter – Nostradamus sagt es immer wieder: Es genügt nicht, einfach Obst und Gemüse zu essen, weil man gehört hat, daß es gesund ist. Wirklich heilsam kann das Essen nur sein, wenn es die Mineralien und alle übrigen Substanzen der heimatlichen Erde in sich aufgenommen hat und an den Körper weitergeben kann, der ebenfalls dort zu Hause ist. Sehr dringend warnt der Arzt von Salon immer wieder vor Speisen, deren Herkunft man nicht kennt, und mahnt:

> »Eßt das, was in eurem eigenen Garten gedeiht und was rund um den Heimatort angepflanzt wird. Es ist dem Körper vertraut – und bekömmlich.«

Dabei geht es natürlich auch darum, daß Gemüse und Obst ganz frisch sein sollen, weil sie nur dann alle Kräfte und Substanzen enthalten. Aber die Frische allein genügt nicht. Die heimatliche Vertrautheit ist ein weiterer und sehr wichtiger Faktor, weil der Körper seit frühester Kindheit darauf eingestellt ist.

Im Gold sahen die mittelalterlichen Ärzte das Prinzip der Beständigkeit und Lauterkeit. Gold rostet nicht und bewahrt seinen goldenen Glanz über alle Zeiten hinweg.

Genau deshalb ist dieses Edelmetall schon sehr früh als Heilmittel eingesetzt worden. Nach dem Verständnis der traditionellen Urmedizin lebte in allem, was existiert, auch in Steinen und Metallstückchen, ein ›Arkanum‹, ein nichtmaterielles geistiges Lebensprinzip, eine dynamische Lebenskraft. Dieses ›Arkanum‹ mußte um so stärker sein, je edler ein Stoff war. Im Gold durfte man somit ein ganz besonders feuriges, stabiles ›Arkanum‹ vermuten.

Die Anwendung von Gold in Heilmitteln hat sich bis in unsere Tage erhalten. So gibt es auch heute Herzstärkungsmittel, die Gold enthalten, und Rheumatherapien, die auf Goldpräparaten basieren.

AUCH DER ›SCHLAFENDE PROPHET‹ EMPFIEHLT GOLD

Ganz überraschend hat jedoch ein Seher des zwanzigsten Jahrhunderts genau wie Nostradamus immer wieder speziell auf die Wirksamkeit von Gold als Heilmittel hingewiesen. In Amerika lebte noch vor vierzig Jahren ein einfacher Mann, der mit Michel Nostradamus vieles gemeinsam hatte. Auch er hinterließ einen Medikamentenschatz, der in keinem Lehrbuch zu finden ist. Es wird noch Jahrzehnte dauern. In dieser Zeit muß sich eine völlig neue Einstellung zur Gesundheit entwickeln, ehe die Menschheit voll begriffen hat, was ihr hier angeboten wurde.

Edgar Cayce, am 18. März 1877 in Hopkinsville in Kentucky geboren, am 3. Januar 1945 in Virginia Beach gestorben, hatte niemals Medizin studiert. Das wäre für ihn auch nicht möglich gewesen. Seine geistige Begabung hätte wahrscheinlich nicht einmal zum Krankenpfleger gereicht. Man darf und muß es in diesem Fall ganz unverblümt sagen: Edgar Cayce war ein Mann mit sehr bescheidenen Talenten. Selbst den Abschluß der Volksschule schaffte er nicht, so daß er nach der sechsten Klasse die Schule verlassen mußte. Seine Versuche, einen rechtschaffenen, einfachen Beruf zu ergreifen, scheiterten ebenfalls kläglich. Aber das war nur die eine Seite des Edgar Cayce.

Mit dem ›wachen‹ Edgar Cayce war nicht viel anzufangen. Selbst als Schuhverkäufer stellte er sich zu ungeschickt an.

Der Edgar Cayce in Trance, der ›schlafende Prophet‹, wie ihn die Amerikaner nannten, schien allerdings so ziemlich alles zu wissen und auf jede Frage eine kluge Antwort parat zu haben. Sobald er sich auf seine Couch gelegt hatte, um das Bewußtsein auszuschalten, sobald er sich in dem eigenartigen Zustand zwischen Schlaf und Wachsein befand, gab es offensichtlich für ihn keine räumlichen und zeitlichen Grenzen mehr. Zuerst im Nebenraum eines Heilpraktikers, später im Hinterzimmer eines Arztes stellte er als ›Gehilfe‹ ärztliche Diagnosen, mit denen er die Fachwelt verblüffte. Über Tausende von Kilometern hinweg konnte er, ohne seine Patienten jemals gesehen zu haben, präzise sagen, was ihnen fehlte. Noch verblüffender – er nannte Rezepte und Behandlungsmethoden, die meistens ungewöhnlich und unbekannt waren – die sich aber immer wieder als wirksam herausstellten, selbst in völlig hoffnungslosen Fällen. In dreiundvierzig Jahren hat dieser Edgar Cayce 14 246 sogenannte ›Readings‹ erstellt. Das sind die Aufzeichnungen seiner Aussagen in Trance über den Gesundheitszustand der Patienten, die ihn angerufen oder ihm geschrieben hatten.

In diesen ›Readings‹ finden sich Rezepte, die inzwischen

so etwas wie Allgemeingut der Menschheit geworden sind, ohne daß man noch so recht wüßte, woher sie stammen. Etwa der Rat:
»*Wer täglich drei Mandeln ißt, bekommt keinen Krebs.*«

Oder Hinweise wie diese:
»*Trinkt täglich wenigstens sechs Gläser Wasser...*«

Und:
»*Verwendet statt Soßen zu allen Speisen, vor allem aber zu Gemüse und Salaten - Gelatine...*«

Und:
»*Essen Sie, wann immer das möglich ist, Vollkornbrot und geschrotete Kornprodukte. Aber: Trinkt zur selben Mahlzeit keine Fruchtsäfte. Diese sollten immer in großem Abstand zu anderen Speisen getrunken werden.*«

Wenn Edgar Cayce gefragt wurde, was man tun muß, um jung zu bleiben und lange zu leben, empfahl er seinen Patienten häufig – genau wie Nostradamus, den er mit Sicherheit nicht gekannt hat, weil er in seinem ganzen Leben nur ein einziges Buch gelesen hat, nämlich die Bibel – Gold.
»*Die landläufige Lehrmeinung über die Anwendung von Gold ist falsch. Wenn es dem Gehirn aber direkt und zwar in geeigneter Form zugeführt würde, könnte es die momentane Lebensdauer nahezu verdoppeln...*«

Auch hier also Gold als Element der Lebenskraft. Seiner Art entsprechend empfahl Edgar Cayce, gezielt Speisen zu verwenden, die mehr als andere Spuren von Gold enthalten – nämlich Muscheln, Krebse, gelbe Rüben und den lauchblättrigen Bocksbart, eine Pflanze, die in Amerika zu Hause ist und sehr viele wertvolle Mineralstoffe und Spurenelemente enthält.

Sie ist verwandt mit der heimischen Haferwurz, die im Süden Europas als Wurzelgemüse angepflanzt wird. Im Mittelalter war sie auch in Deutschland eine beliebte Speise. Man hat sie genau wie Schwarzwurzeln zubereitet und möglichst oft gegessen.

Auch bei Edgar Cayce findet sich übrigens der Hinweis auf die besondere Qualität heimischer Lebensmittel. Als er einmal gefragt wurde, ob es denn gesund wäre, sich hauptsächlich von Obst, Gemüse, Eiern und Milch zu ernähren, gab er in Trance zu verstehen:

»Sie sollten vor allem mehr von dem essen, was in Ihrer Heimat gewachsen ist. Das ist wichtiger als die Frage, welche Früchte und welches Gemüse man ißt...«

Und ein andermal:

»Essen Sie nicht viel Obst, Gemüse oder auch Fleisch, das nicht aus der Gegend stammt, in der Sie zu Hause sind. Das ist eine wichtige Regel, die ganz allgemein gilt. Heimisches macht es dem Körper leichter, sich in der Fremde anzupassen...«

Dann wäre also doch etwas dran am Brot, das nirgendwo so gut schmeckt – und so gesund ist – wie daheim.

Doch zurück zum Gold als Heilmittel.

SCHMUCK – ALS HEILKRAFT

Michel Nostradamus kannte noch eine andere Möglichkeit, dem Körper die ›Energie‹ von Gold mitzuteilen. Er verordnete, in Anlehnung an berühmte arabische Ärzte:

»Sobald dein Geist müde wird und wenn du den Eindruck hast, die ganze Welt drehe sich vor deinen Augen, dann trage an einem Wollfaden um den Hals ein Medaillon aus Gold.«

Dieser Rat hat wiederum nichts mit Magie oder Wunderglaube, auch nicht mit dem so beliebten Talisman zu tun. Dem Gold allein schrieb der Arzt – im Einklang mit vielen namhaften Ärzten seiner Zeit – eine große Heilkraft zu. Es läßt sich leicht vorstellen, daß Schmuck ursprünglich nicht der Eitelkeit diente und nicht dazu da war, den eigenen Reichtum zur Schau zu stellen. Das Gold und Silber am Hals diente der Gesundheit. Nostradamus war überzeugt, daß zwischen allem, was in der Schöpfung existiert, ein ständiger Energieaustausch stattfindet. Die Heilkraft des Goldmedaillons hätte demnach darin bestanden, positive Energie in den erschöpften Körper nachzufüllen. Aus ähnlichen Überlegungen heraus gibt er bei allen Rezepten stets sehr genaue Anweisungen, worin die Kräuter oder Pulver gekocht und aufbewahrt werden müssen. Er warnt, Speisen mit Metallen in Kontakt zu bringen – mit Ausnahme von Goldgefäßen und Eisenkesseln –, weil sich die ›Kraft der Speisen‹ im Metall verliert und das Metall seinerseits ›unerwünschte Kräfte‹ an die Speisen abgibt.

Übereinstimmend lehnte Edgar Cayce vielfach Aluminiumgeschirr ab:

> *Manche Nahrungsmittel schaden dem Körper, wenn sie in Aluminiumtöpfen gekocht worden sind. Das ist vor allem dann der Fall, wenn eine organische Krankheit, etwa ein Leberleiden, besteht. Kochen Sie deshalb lieber in Emaillegeschirr.*

Bei Nostradamus wird häufig irdenes Geschirr, vergleichbar dem Römertopf, empfohlen. Wenn der Arzt von Salon heute leben würde, dann gäbe er den Hausfrauen vermutlich den dringenden Rat, sich wieder alte eiserne Töpfe zu besorgen.

DAS REZEPT GEGEN EISENMANGEL

Zu seiner Zeit gab es natürlich keinerlei Vorstellungen darüber, wie notwendig das Blut Eisen braucht, um den Sauerstoff an sich binden zu können. Daß es aber einen Eisenmangel im Körper geben und daß er die Ursache für manche Müdigkeit sein kann, blieb nicht verborgen.

Deshalb sah das Mittel gegen chronische Müdigkeit und Kraftlosigkeit so aus:

>»Sammeln Sie Regenwasser in einem irdenen Gefäß oder in einem Holzfaß. Werfen Sie in dieses Wasser ein Stück glühendes Eisen. Dann stellen Sie sich bis zu den Knien in dieses ›Energiewasser‹. Ältere Menschen sollten dieses Fußbad möglichst oft anwenden – und sehr ausgiebig, vor allem, wenn sie geschwollene Beine haben.*
>
> *Nach dem Bad dürfen die Beine nicht abgetrocknet werden, damit man die Energieteilchen, die sich auf der Haut abgelagert haben, nicht wegreibt. Luft und Sonne vollenden das Bad...«*

Vermutlich ist dieses Rezept uralt und geht zurück auf Erfahrungen in Schmiedewerkstätten. Dort werden die glühenden Hufeisen im kalten Wasser abgekühlt und damit gleichzeitig gehärtet.

Dasselbe Rezept in leichter Abwandlung gegen geistige Übermüdung:

>*»Werfen Sie in Regenwasser ein glühendes Stück Eisen und ein glühendes Stück Kupfer. Dazu eine Handvoll Lorbeerblätter. Tauchen Sie die Arme bis zu den Ellenbogen hinein. Bewegen Sie dabei die Finger, als wollen sie etwas ergreifen...«*

2

Das Elixier der Jugend

Oktober 1564.

In der mittelalterlichen Stadt Salon-de-Provence herrscht helle Aufregung. »Der König kommt.« Der Quartiermeister des Pariser Hofes, der Herzog von Savoyen, ist in der Stadt angekommen, begleitet von zwei Dutzend Reitern in prächtigen, wallenden Uniformen, um den hohen Besuch anzukündigen und Quartier zu machen. Im Schloß de l'Emperi soll Karl IX. mit seiner Mutter, der Königin Katharina von Medici, wohnen. Das ist der bisher größte Tag in der Geschichte von Salon-de-Provence. Noch nie zuvor hat ein Herrscher Frankreichs diese Stadt betreten.

In aller Eile versuchen die Bürger, sich neue Kleider zu nähen. Die Häuser werden mit Blumen und Fahnen geschmückt. Auf dem Marktplatz errichtet man Tribünen und Buden. Gaukler, Artisten und Musikanten strömen aus allen Himmelsrichtungen herbei, weil sie hier das große Geschäft wittern. Acht Tage lang geht keiner seiner normalen Beschäftigung nach. Alles dreht sich um das Jahrhundertereignis.

Und alle Augen richten sich auf den Arzt und Seher Michel Nostradamus, den großen Sohn der Stadt. Denn ihm, ihm allein gilt der Besuch der Königsfamilie.

Vor acht Jahren, am 15. August 1556, hat ihn der Vater von Karl IX., Heinrich II., in Paris empfangen. Und damals warnte Nostradamus den König vor Turnierkämpfen. Die abgebrochene Lanze eines Gegners würde ihm unglücklich durch das Visier des goldenen Helmes und durch das Auge dringen. Neun Tage später müsse er unter entsetzlichen Qualen sterben.

Heinrich II. hat von solchen Orakeln nicht viel gehalten. Und er hörte auch nicht auf seine Frau Katharina, die ihn immer wieder beschwor, den Turnieren fernzubleiben. Der alte Haudegen konnte es nicht lassen – und es kam, wie Nostradamus angekündigt hatte: Der König wurde am Hochzeitstag seines Sohnes, am 1. Juli 1559, in einem außerplanmäßigen Wettkampf mit dem Hauptmann seiner Leibgarde, dem Comte de Montgomery, schwer verletzt. Beim Zusammenprall splitterte die Lanze des Hauptmanns, drang durch das linke Auge des Königs und trat beim Ohr wieder heraus. Der König starb am 10. Juli.

Bei seinem Besuch in Paris hat Michel Nostradamus die Königin Katharina von Medici aber auch mit der gewagten Vorhersage überrascht, ihre drei Söhne würden nacheinander die französische Krone tragen. Nach dem Tod Heinrichs II. ist der älteste Sohn Franz II. König geworden. Er hat nur eineinhalb Jahre lang regiert. Und nun ist sein Bruder Karl IX. König, ein zarter Junge, erst vierzehn Jahre alt. Die Regierungsgeschäfte besorgt die energische Mutter Katharina von Medici. Schon in zehn Jahren wird der kleinste Bruder, Heinrich, an die Macht gelangen. Genau, wie Nostradamus es vorhergesagt hat. Aber das weiß in diesem Augenblick außer dem Seher noch keiner. Der königliche Besuch kommt auch nicht nach Salon-de-Provence, um sich die Zukunft deuten zu lassen. Er sucht nicht den Rat des Propheten, sondern den des Arztes. Katharina von Medici macht sich Sorgen um die Gesundheit des dreizehnjährigen Sohnes Heinrich, und sie bringt noch ein kränkliches Kind mit, den elfjährigen Prinzen Heinrich von Navarra. Er soll einmal die Schwester des Königs heiraten. Diese Hochzeit, so hofft Katharina von Medici, wird die Katholiken und Hugenotten miteinander versöhnen und die Religionskriege in Frankreich ein für allemal beenden.

Endlich ist es soweit. Am 18. Oktober 1564 reitet der junge König durch das Stadttor. In einer prächtigen Kutsche folgt ihm die Königinmutter. Alle Leute sind auf der Straße und jubeln.

Und dann wird Michel Nostradamus in das Schloß de l'Emperi gerufen. Im Prunksaal ist der Hof versammelt. Die Königinwitwe und Regentin sitzt im Thronsessel, der jugendliche König steht hinter ihr. Die beiden Prinzen werden Nostradamus vorgestellt. Der Seher zerstreut die Sorgen der großen Katharina von Medici und verblüfft die noble Gesellschaft wieder einmal mit einer unglaublichen Vorhersage: »Um die beiden braucht Ihr Euch nicht mit Kummer zu quälen. Beide werden hintereinander Frankreichs Herrscher sein.«

In drei seiner prophetischen Verse hat Nostradamus vor Jahren schon angekündigt, welche schlimmen Greueltaten die hier Versammelten am Hochzeitstag des Prinzen von Navarra verüben und erleiden werden: Die berüchtigte Bartholomäusnacht vom 23. auf den 24. August 1572:

»Paris leidet große Not. Der Glockenschlag nachts um zwei Uhr des Sankt-Bartholomäus-Tages wird sich in die Geschichtsschreibung eingravieren. Nîmes, La Rochelle, Genf, Montpellier, Castres und Lyon werden zu Schauplätzen des Schlachtens. Und das alles nur wegen einer Frau...«

So schrieb er in einem der drei Verse. Und die Frau, die das grausame Morden auslösen wird und die er gemeint hat, sitzt hier vor ihm. Es ist Katharina von Medici. Sie gehört zu den schillerndsten Frauengestalten der Weltgeschichte – und zu den mächtigsten. Sie ist die Tochter des berühmten Medici-Herrschers von Florenz, Lorenzo II., die Mutter des französischen Königs und die Mutter der spanischen Königin Elisabeth, die mit Philipp II. verheiratet ist. Die ganze damalige Welt, nur England ausgenommen, steht unter dem mächtigen Einfluß dieser starken und eigenwilligen Persönlichkeit.

In einem großen Gemälde ist die Szene ihrer Begegnung mit Nostradamus festgehalten. Es hängt heute noch im Museum des Schlosses de l'Emperi. Darauf sieht man Nostradamus während der Behandlung des kleinen Prinzen von Navarra. Vor dem versammelten Hof legt er dem Jungen, der sich ausgezogen hat, die Hand auf, während die andere Hand in einem aufgeschlagenen Medizinbuch liegt.

Es ist uns leider nicht überliefert, welche Medizin er dem künftigen König verordnet hat. Solche Rezepte wurden seinerzeit streng geheim gehalten.

Ziemlich sicher ist jedoch, daß Katharina von Medici, zu jenem Zeitpunkt fünfundvierzig Jahre alt, die Gelegenheit wahrnahm und sich selbst das eine oder andere wirksame Mittel zur Stärkung der Kräfte, zur Vorbeugung gegen das Altern – vielleicht auch zur Pflege der Haut geben ließ. Jedenfalls läßt die wahrhaft fürstliche Belohnung darauf schließen. Der König, so haben die Chronisten festgehalten, gab Nostradamus zweihundert Goldtaler, seine Mutter fügte ihrerseits noch einmal hundert Goldtaler hinzu – in der damaligen Zeit ein kleines Vermögen.

Katharina von Medici ließ außerdem eine Sammlung von Rezepten anlegen, die speziell der Verjüngung dienten. Sie stammen zweifellos großteils von dem Arzt, den sie über alles schätzte, von Michel Nostradamus.

Manches dieser Heilmittel mag den Eindruck erwecken, als handle es sich lediglich um ausgefallene Kochrezepte: »Man nehme...«, so heißt es in der Regel bei Nostradamus. Genau wie in einem Kochbuch.

DER ›SALAT DER KÖNIGIN‹

Doch man darf nicht vergessen, daß die großen Ärzte am Ausgang des Mittelalters nur einen einzigen Weg zur Gesundheit kannten: Die Heilkraft des Körpers, der einzige wahre ›Mediziner‹, mußte auf natürliche Weise gestärkt werden. Ihm mußte man die rechten Rohstoffe, das passende Handwerkszeug und die nötige Ruhe geben, dann war er durchaus imstande, sich selbst zu kurieren. Deshalb sahen sie im gesunden Essen auch die wirksamste Arznei.

Der einfache ›Salat der Königin‹, der Königin Katharina

von Medici nämlich, ist seiner auffrischenden Wirkung wegen zu einem der berühmtesten Rezepte überhaupt geworden. Vor allem in Südfrankreich bereitet man diese Heilspeise noch heute als echtes Verjüngungsmittel und als Medizin gegen Depression und Niedergeschlagenheit zu.

Das ist das Rezept:
6 Eisenkraut-Stengel
Die Hälfte eines Blattes vom Rebstock
Die Hälfte eines frischen Apfels
Die Hälfte einer Gurke.

Diese Zutaten werden ganz fein zerhackt. Das Eisenkraut mit Blättern und Blüten. Es werden aber nur die obersten zwei Zentimeter der Pflanze verwendet. Man gießt etwas leichten Wein oder Pfirsich- oder Birnensaft darüber und ißt diesen Salat in kleinen Portionen, ohne dabei etwas zu trinken. Voll wirksam wird er aber nur, wenn man ihn, etwa als Zwischenmahlzeit, am späten Vormittag wenigstens neununddreißig Tage lang regelmäßig ißt.

Nach neuesten Forschungen hat diese Mischung von Blumen, Blättern, Obst und Gemüse tatsächlich etwas für sich.
Das Eisenkraut – man nennt es auch Ysop – ist eines der ältesten und traditionsreichsten Heilkräuter überhaupt. Es findet sich schon in der Bibel. Dort betet König David in einem Psalm: »Entsündige mich durch Ysop, daß ich rein sei.« Womit die reinigende, entschlackende Wirkung der Pflanze angesprochen ist. Kaiser Karl der Große soll diese Pflanze aus dem Süden in die Heimat mitgebracht und ihren Anbau befohlen haben. Im Mittelalter war sie in jedem Klostergarten und bei jedem Bauernhaus heimisch. Die heilige Hildegard von Bingen hat sie in ihren berühmten Medizinbüchern immer wieder erwähnt.
Ysop befreit den Körper von überflüssigem Schleim und regt die Speichel- und Magensekretion an.
Weinblätter besitzen eine herzkräftigende und zugleich

entspannende Wirkung. Und sie führen leicht ab, so daß also der Darm von unnötigem Ballast gereinigt wird. Bei der Verwendung heute ist nur darauf zu achten, daß die Schädlingsbekämpfungsmittel gründlich abgewaschen werden, bevor man sie gebraucht. Man tut das am besten in lauwarmem Wasser. Verwendet werden sollen möglichst frische, noch relativ junge Weinblätter.

Der Apfel ist eine vortreffliche Vitaminquelle. Er besitzt darüber hinaus aber auch geradezu wunderbare regulierende Wirkungen auf Magen und Darm.

Die Gurke gilt seit altersher als Heilmittel für Herz und Nieren. Sie entlastet den Körper von Wasseransammlungen, ist somit ebenfalls entgiftend, reinigend und macht damit eine schöne Haut.

Mit der Art, in der wir heute die Gurke bei Tisch genießen, würde sich Nostradamus allerdings niemals einverstanden erklären. Wenn er Gurken empfiehlt, denkt er nicht an die grünen, noch unreifen Früchte, sondern an ausgereifte, gelbe Gurken. Die Heilwirkung der Gurke bleibt heute weitgehend ungenützt, weil die Gurken unreif und damit schwerverdaulich sind und weil sie nicht fein genug aufgeschnitten werden.

Man sieht: Die vier Bestandteile des ›Salats der Königin‹ stellen tatsächlich eine ideale Kombination zur Auffrischung des Körpers dar. Der Salat wirkt wie ein ›Frühjahrsputz‹ – und sollte deshalb auch im Frühjahr kurmäßig gegessen werden.

DAS WIRKSAMSTE REZEPT, JUNG ZU BLEIBEN – FASTEN

Als zweite Möglichkeit, den Körper zu entgiften und damit aufzufrischen, empfiehlt Michel Nostradamus das regelmäßige Fasten. »Gesundheit und Jugend«, so sagt er, »hängen unmittelbar mit dem Fasten zusammen.«

»Immer dann, wenn der Mond nach dem Neumond wieder beginnt zuzunehmen, sollte ein Fasttag eingelegt werden.

Essen Sie an diesem Tag möglichst nichts, es sei denn einen Apfel, den Sie frisch vom Baum pflücken. Trinken Sie Quellwasser – aber nicht kalt, wie es aus dem Boden kommt, sondern lassen Sie es einen Augenblick an der Sonne stehen, bis es lauwarm geworden ist. Geben Sie in dieses Wasser ein paar frische Salbeiblätter oder Pfefferminzstauden. Wenn es möglich ist, halten Sie sich an diesem Tag nicht in der gewohnten Umgebung auf, sondern gehen Sie irgendwohin, am besten hinaus in die Natur...«

Ein ganzes Paket von Verhaltensregeln und praktischen Anweisungen für den gesunden Fasttag, der einmal im Monat seinen Platz finden sollte. Warum es gerade bei zunehmendem Mond geschehen soll, das wird später dargelegt werden.

Das Fasten, soviel scheint heute gesichert, säubert vor allem die Blutgefäße. Die Arteriosklerose-Forscher sind einem gefährlichen Teufelskreis auf die Spur gekommen: Streß, Anstrengungen und Angst wären an sich noch nicht schädlich für die Gesundheit. Sie werden es aber auf sehr massive Weise, sobald der Streßabbau unterbleibt.

Und zwar aus folgendem Grund: Ein sehr kompliziertes und prompt funktionierendes Filtersystem im Körper sorgt dafür, daß das Blut möglichst sauber durch die Adern fließen kann. Nach jeder Mahlzeit werden sofort alle überflüssigen Zucker- und Fettmengen herausgezogen und hauptsächlich in der Leber für den Notfall gespeichert. Das muß so sein, sonst würde das Blut ja dick wie Honig.

Immer dann aber, wenn dem Körper nun – berechtigt oder unberechtigt – gemeldet wird, daß eine Gefahr oder eine Not auf ihn zukommt, schüttet er diese gespeicherten Reserven wieder ins Blut. Die Muskeln sollen über möglichst viel ›Kraftstoff‹ verfügen.

Folgt der Aufregung eine körperliche Anstrengung, dann war das alles gut und richtig: Fett und Zucker werden verbraucht und verschwinden somit wieder aus dem Blut.

Bleibt die körperliche Betätigung aber aus, weil man nach

langem Sitzen oder Stehen so müde ist, daß man keinen Schritt mehr gehen möchte, dann beginnt im Innern des Körpers eine sehr mühsame und aufwendige Arbeit: Die Kraftstoffe müssen wieder aus dem Blut gefischt werden. Beim Zucker geht das noch einigermaßen, denn er besitzt im Insulin einen Gegenspieler. Bei den Fettstoffen bleibt nur eine Möglichkeit übrig: Sie müssen an die Innenwände der Blutgefäße gekleistert werden. Doch das ist der Anfang der Arteriosklerose.

Fasten macht diese Entwicklung rückgängig. Sobald der Organismus keine Nahrung bekommt, fängt er an, das Fett von den Wänden zu kratzen, um damit ›satt‹ zu werden.

Solche Zusammenhänge hat man im späten Mittelalter selbstverständlich noch nicht gekannt. Doch über die verjüngende und säubernde Wirkung des Fastens wußte man seit altersher gut Bescheid. In allen Religionen gehörte das Fasten im Frühjahr zu den sehr streng eingehaltenen Vorschriften, nahm man doch an, daß Gott den, der Opfer bringt, mit neuer Lebenskraft belohnt.

Das Quellwasser, im Unterschied zum damals üblichen Brunnenwasser, empfiehlt der Arzt von Salon deshalb, weil es viele Mineralien und Spuren von Metallen mit sich führt. Quellwasser war zu seiner Zeit die notwendige natürliche Vitaminspritze, die heute jedem dringend angeraten wird, der vorübergehend auf Speisen verzichtet.

Die Sonnenbestrahlung des Wassers dient nicht nur seiner Erwärmung, sondern einer gewissen Anreicherung mit Energie. Darauf verweist Nostradamus in einigen Rezepten. Säfte, Teesorten, Pulver sollen, bevor sie angewendet werden, wenigstens einen Tag lang intensiver Sonnenbestrahlung ausgesetzt werden, weil sie dann erst ›reifen‹.

Salbei, ganz unbehandelt ins Wasser geworfen, besitzt eine beruhigende Wirkung und sorgt dafür, daß man nicht so viel schwitzt. Wer unter feuchten Händen oder gar unter krankhafter Schweißbildung leidet, sollte zum Salbei seine Zuflucht nehmen. Er strafft die Haut und wirkt, wenn auch nur leicht, antibakteriell.

Die Heilkraft der Pfefferminze ist weithin bekannt. Bei Magenkrämpfen und Verdauungsstörungen gibt es kaum ein besseres Mittel. Experimentell ist in unserer Zeit nachgewiesen worden, daß die Heilpflanze die Gallentätigkeit fast auf das Zehnfache zu steigern vermag.

Noch etwas kann man aus diesem Rezept entnehmen – und das erscheint doch recht bedeutsam zu sein: Es ist nicht immer nötig, daß man sich aus Heilpflanzen einen Tee kocht oder die Kräuter unter die Speisen mengt. In vielen Fällen genügt es, damit das Essen zu garnieren oder wie hier frisch ins Trinkwasser zu schütten, ohne sie selbst mitzutrinken. Die Fischer in den Mittelmeerländern packen ihre frischen Fische nicht deshalb in grüne Blätter, weil Papier oder anderes Verpackungsmaterial zu teuer wäre, sondern weil wertvolle Stoffe aus den Pflanzen allein durch den Kontakt mit den Fischen in diese übergehen. So hat man früher die Petersilie oder Weinblätter oder anderen ›Schmuck‹ nicht nur zur Zierde auf die Speisen gelegt – sondern als ›Medikamente‹, die dem Essen zuteil werden. Meistens braucht der Körper ja nur winzige Spuren davon, so daß die kurze Anwesenheit der Heilpflanze genügt.

NACH DEM FASTEN – SCHAFSMILCH

Auch für den Tag nach dem Fasten gab Nostradamus einen wichtigen Rat:
> *»Stürzt euch nicht heißhungrig auf das entbehrte Essen, sondern nehmt zunächst nur kleine Portionen. Als erstes sollte man nach jedem Fasten eine Schale ganz frische Schafsmilch trinken.«*

Nicht irgendeine Milch – sondern Schafsmilch. Dieser Hinweis ist nicht zufällig. Er wird, wie so viele alte Rezepte, erst heute richtig begriffen. Es gibt nämlich eine überraschende Tatsache, die durch Jahrhunderte übersehen wurde und der in Zukunft wohl noch sehr viel Aufmerksamkeit gewidmet werden wird: Schafe können alle denkbaren Krankheiten bekommen – aber eine nicht. Und das ist ausgerechnet jene, die den Menschen am meisten Schrecken einjagt - Krebs. Es gibt keine krebskranken Schafe. Warum das so ist, weiß bisher niemand genau zu sagen. Hat Michel Nostradamus dank seiner prophetischen Begabung davon gewußt? Man muß es fast annehmen. In der Schafsmilch befinden sich offensichtlich Kräfte, die Krebs bekämpfen. Das wird heute in der Krebsbehandlung vielerorts auch eingesetzt, wenngleich die Schulmedizin darüber noch so gut wie nichts weiß. Manch einer ist mit Schafsmilch schon vom Krebs geheilt worden. Allerdings – Nostradamus spricht von der »ganz frischen Schafsmilch«. Bislang dürfte es für die meisten Patienten nicht ganz einfach sein, an sie heranzukommen. Sobald die Milch nämlich gekocht oder tiefgefroren oder sonstwie haltbar gemacht wurde, hat sie ihre Wirkkräfte so ziemlich eingebüßt. Auch in diesem Punkt wußte Nostradamus, was er sagte.

MILCH – ABER NUR FRISCH UND UNVERMISCHT

Er macht eine zweite wichtige Einschränkung: So wertvoll jede Milchsorte für sich genommen ist – die Sorten dürfen niemals miteinander gemischt oder gleichzeitig getrunken werden, sonst kann die Milch sogar schädlich werden.

Pferdemilch vermag ein Heilmittel bei Leberleiden zu sein – vor allem dann, wenn der Gallenabfluß aus der Leber gestört ist. Pferde besitzen keine Gallenblase, was offensichtlich durch einen bislang nicht bekannten Stoff in der Milch ausgeglichen wird. Möglicherweise handelt es sich um eine bestimmte Art von Enzymen.

Gäbe man einem Leberkranken nun aber Schafsmilch, dann wäre diese in der Regel viel zu fett und würde eher schaden als nützen.

Zur Zeit des Nostradamus war es allgemein üblich, alten

Menschen Muttermilch zu geben, weil man beobachtet hatte, daß diese Milch wunderbar verjüngt. Man hatte schon damals eigens Pumpen erfunden, um diese Milch zu gewinnen. Der kleine Säugling mußte seine Nahrung mit dem Großvater oder der Großmutter teilen. Reiche Leute und vor allem Fürsten hielten sich Ammen, die täglich wenigstens ein halbes Glas Muttermilch abzuliefern hatten.

Nostradamus warnte aber eindringlich davor, die Muttermilch mit Kuhmilch zu mischen, und sagte: »Wer sich an die Muttermilch halten will, der muß auf die Kuhmilch verzichten, sonst wird er krank und anfällig.«

Es ist anzunehmen, daß sich auch dieser Rat bald bestätigen wird. Milch, das ist nicht nur ein Nahrungsmittel für den Neugeborenen – es ist die wertvollste Medizin, die es überhaupt gibt. Mit ihr gibt die Mutter ihre speziellen Abwehrkräfte an das Kind weiter.

Die Abwehr- und Heilkräfte und Aufbaustoffe sind aber kein Supermarktangebot, sondern ganz gezielt sortiert für die gegebenen Bedürfnisse des Kindes an diesem Ort, in dieser Familie vorhanden.

Anders ausgedrückt – bekäme das Kind die Muttermilch einer Frau aus dem Orient, dann würde es mit dieser Milch stark gemacht gegen alle möglichen Krankheiten und Besonderheiten, die es dort unten gibt – aber nicht gegen die heimischen Bedrohungen.

Ähnlich wertvoll, nutzlos oder sogar schädlich müßte die Kuhmilch sein, je nachdem, ob das Tier, das sie gespendet hat, in der Gegend zu Hause ist, in der man lebt, oder ob die Milch von weither angefahren wurde. Doch selbst die heimische Kuhmilch kann natürlich die Muttermilch nicht voll ersetzen, weil Rinder andere Krankheitserreger zu fürchten haben als Menschen. Manches, was für sie harmlos wäre, kann den Menschen schwer krank machen – und umgekehrt.

Solche Immunitätsprobleme zeigen sicherlich aber nur einen, vielleicht nicht einmal den wichtigsten Aspekt der Heilkraft oder auch der Wertlosigkeit der Milch. Wenn Ärzte wie Nostradamus davor gewarnt haben, die Milch zu mischen, dann ist damit sicherlich auch gemeint, daß man die Milch verschiedener Kühe nicht zusammenschütten darf, sondern sich, wie das in der Vergangenheit vielfach praktiziert wurde und wie man das heute gelegentlich auch noch bei kranken Kindern tut, an eine ganz bestimmte Kuh halten und nur ihre Milch trinken sollte. Warum, das deutet folgende Überlegung möglicherweise an: Seitdem sich die Mediziner in den sechziger Jahren daran gewagt haben, Organe zu verpflanzen, sind sie sehr nachdrücklich auf ein zuvor kaum beachtetes Gebiet gestoßen worden: Jeder Organismus, jeder einzelne, besitzt bis in seine letzte Zelle hinein eine unverwechselbare Eigenheit. Pflanzt man ihm ein fremdes Herz oder auch nur ein Stückchen fremde Haut ein, wird er alsbald beginnen, diesen ›Fremdkörper‹ zu vernichten – abzustoßen, wie die Ärzte sagen.

Die Forschung weiß noch relativ wenig darüber – aber manche Wissenschaftler schließen nicht aus, daß solche, vielleicht sogar heftigen Reaktionen auch dann ausgelöst werden, wenn mit dem Essen lebendiges organisches Gewebe aufgenommen wird. Etwa die frische Milch oder rohes Fleisch.

Diese Abwehrreaktionen könnten durchaus positiv und erwünscht sein, wenn es darum geht, den Organismus aufzuwecken und wach zu halten. Sie müssen aber erschöpfen und verwirren, wenn zu viele, zu verschiedene ›Fremdarten‹ auf den Körper einstürzen, weil beispielsweise die Milch nicht von einer einzigen Kuh stammt, sondern von drei, vier Dutzenden oder gar einigen Hundert. Auf eine einzige Sorte könnte man sich einstellen. Aber auf so viele? Auf immer neue? Vielleicht hat manche Allergie und mancher Defekt wie etwa die Schuppenflechte in der vielartigen Fremdheit der Speisen seine eigentliche Ursache.

Noch ein Tip der mittelalterlichen Ärzte über den Umgang mit Milch: Sie darf niemals mit Metall in Berührung kommen, vor allem nicht mit Eisen. (Das Aluminium hat es damals noch nicht gegeben, sonst wäre es ganz bestimmt auch erwähnt worden.) Das Metall, so lautet die Begründung für diese Warnung, würde der Milch einen Großteil seiner Vitalkräfte entziehen.

Heute muß das wohl auf Plastiktüten ausgeweitet werden. Sie entziehen der Milch nicht nur Substanzen, sie geben möglicherweise sogar Gifte an die Milch ab. Die gesündeste Art, Milch aufzubewahren, ist nach wie vor die getönte Milchflasche oder das Emaillegefäß.

BRUNNENKRESSE – IN KLEINSTEN DOSEN

Ein ähnliches Mittel wie der Salbei oder die Pfefferminze im Quellwasser kannten schon die alten Griechen. Im sechzehnten Jahrhundert wurde es wiederentdeckt:

> »Jeden Abend vor dem Schlafengehen legt man fünf Stengel Brunnenkresse in ein Glas handwarmes Wasser. Das Glas wird zugedeckt und auf das Nachtkästchen gestellt. Am nächsten Morgen trinkt man dieses etwas bittere Wasser (ohne die Kresse).«

Die Brunnenkresse enthält reichlich Eisen, Jod, Vitamin A, C und D. Sie wirkt blutreinigend und sie ›verbessert‹ das Blut. Möglicherweise ist das Glas Brunnenkressewasser am frühen Morgen speziell für Frauen eine bessere Eisenquelle als alle anderen bekannten Mittel.

Daneben ist die Kresse aber auch besonders gesund für alle, die mit ihren Bronchien zu tun haben. Sie löst den Schleim und erleichtert das Atmen.

Die Brunnenkresse bekommt man heute in kleinen Kästchen als Keimlinge. Davon müßte man entsprechend etwas mehr nehmen, also nicht nur fünf Stengel, sondern vielleicht das doppelte Quantum. Das Rezept zeigt, daß man vor vierhundert Jahren schon um den Unsinn der Überdosierung gewußt hat. Die Brunnenkresse ist sehr gesund, aber so wirksam, das kleinste Mengen völlig ausreichen. Eben das, was während der Nacht aus den gewässerten Pflanzen in das Wasser übergeht.

Es wäre auch nicht sinnvoll, das Brunnenkressewasser jeden Morgen zu trinken. Man sollte das andererseits aber auch nicht nur sporadisch tun, sondern zwei-, dreimal im Jahr eine Art Kur damit machen, die etwa drei Wochen dauert.

UND SELBSTVERSTÄNDLICH – KNOBLAUCH

Schließlich darf, wenn von der Verjüngung gesprochen wird, auch der Knoblauch nicht fehlen. Michel Nostradamus hat ihn während der Pestseuche als Schutz gegen Ansteckung verordnet. Wer sich noch nicht angesteckt hatte, mußte jeden Morgen eine Knoblauchzehe in den Mund nehmen und ein paar Minuten lang wie ein Bonbon lutschen. Das soll sich auch gegen Schmerzen bewährt haben.

Ein noch wirksameres Rezept – für den, der es mag:
   »*Man schüttet in ein Glas Wein zwei, drei Tropfen Saft aus frischausgepreßtem Knoblauch. Der Wein frischt die Körperkräfte auf, er regeneriert und heilt kleinere Verletzungen in Magen und Darm. Ein Glas Wein mit zwei Tropfen Knoblauchsaft verleiht jugendlichen Schwung...*«

Beide Behauptungen, sowohl die desinfizierende Wirkung des Knoblauchs als auch seine jungerhaltende Kraft, sind heute unbestritten. Bei streng kontrollierten Messungen der Darmgifte wurde nachgewiesen, daß Knoblauch sie, auch in kleinsten Mengen gegessen, ganz deutlich verringert. In Tierversuchen, bei denen künstlich Arteriosklerose erzeugt wurde, erzielte man eine Lebensverlängerung um das Dreifache, sobald die Tiere gleichzeitig Knoblauch bekamen. Das spricht für sich.

DER ›JUGENDTEE‹ AUS KOPFSALAT

Und schließlich der berühmt gewordene ›Jugendtee‹, der auch heute noch in Südfrankreich getrunken wird:
>»Man gibt einen kleinen Kopfsalat (nur die gesunden, frischen Blätter) ganz in ausreichend Wasser und fügt ein paar Krautblätter hinzu. Das wird auf kleiner Flamme und nur kurz gekocht. Von diesem ›Tee‹ trinkt man jeden Abend vor dem Schlafengehen ein Glas voll, lauwarm...«

Der Salat ist nicht nur eine vorzügliche Vitaminquelle. Er besitzt neben Kupfer, Eisen und anderen Metallen und Mineralien, je nach der Beschaffenheit des Bodens, eine ganze Reihe sehr wichtiger Heil- und Wirkstoffe. Vor allem eine Beruhigungsdroge, die schon den alten Griechen bekannt war. Sie macht nicht abhängig. In vielen Hustensäften ist dieses Beruhigungsmittel aus dem ganz gewöhnlichen Kopfsalat enthalten.

In der Heimat des Nostradamus preßt man Kopfsalatblätter aus und gewinnt dabei einen Saft, der ›Tridace‹ genannt wird. Man trinkt ihn tropfenweise gegen Nervosität, Schlaflosigkeit und Krämpfe.

Der berühmte Arzt Galenos (130–201 nach Christus) hat uns mitgeteilt, daß er als Schlafmittel regelmäßig eine Portion Salat verzehrte. Der ›schlafende Prophet‹ Edgar Cayce empfahl den Salat als hilfreiches Mittel gegen die Übersäuerung des Blutes – somit als Heilmittel für Herz- und Nierenkranke sowie für alle, die zu Gichtanfällen neigen. Voraussetzung für einen gesunden Salat ist allerdings, daß möglichst wenig Essig verwendet wird und wenig Salz, dafür darf er ruhig in Öl schwimmen.

Das Kraut galt durch die Geschichte hindurch als eines der Grundheilmittel überhaupt. Paracelsus, der sich gelegentlich auch als Seher hervorgetan hat, schrieb in einem seiner zahlreichen Medizinbücher, es gäbe überhaupt nur drei wahre Heilmittel – das Wasser, die Luft und das Kraut: »Das Wasser trainiert den Körper und hält ihn wach. Die Luft ›dengelt‹ die

Gesundheit wie der Bauer die Sense. Das Kraut besorgt das Gleichgewicht der Kräfte.« Mit dem Kraut waren aber nicht irgendwelche Heilkräuter ganz allgemein gemeint, sondern der Krautkopf, der Weißkohl, wie man auch sagt. Und es gibt kaum eine Krankheit, die man nicht irgendwann mit Kraut geheilt hätte: Kraut kuriert hartnäckige Wunden, wenn man einen Umschlag aus frischen, sauberen Blättern darüber legt. (Die harten Rippen der Blätter werden zuvor herausgeschnitten.) Kraut lindert und heilt Asthma, bindet man sich nachts zwei, drei frische Blätter auf die Brust. Krautsaft, frisch ausgepreßt, hilft bei Magen- und Darmleiden und bringt selbst hartnäckige Geschwüre zum Verschwinden.

Kraut enthält aber vor allem Magnesium. Es ist das vielleicht einzige Mittel, der Arteriosklerose vorzubeugen. Magnesium ist der Gegenspieler des Kalkes. Wo Magnesium in der Nahrung fehlt wie etwa in Finnland, das geht heute eindeutig aus umfangreichen Statistiken hervor, sind die Herzinfarktraten am höchsten. Dort dagegen, wo an heißen Tagen viel Salat und Kraut gegessen wird, liegen sie am niedrigsten. In Südfrankreich und Italien.

Das rechte Essen kann in der Tat die beste Medizin sein.

3
Lerne richtig zu faulenzen – ehe du etwas leisten willst!

Das zarte Fräulein wollte seinen Namen nicht nennen. Mit dem Vater, einem zweifellos wohlhabenden Mann aus vornehmen Adel, war es aus Avignon angereist und in einer Herberge in Salon-de-Provence abgestiegen. Zu Nostradamus kam die siebenundzwanzigjährige, als es bereits dunkel wurde. Sie war tiefverschleiert, als wäre es dem guten Ruf abträglich, den berühmten Arzt aufzusuchen. Nervös tänzelte sie im Zimmer auf und ab, während sie ihr Anliegen vortrug.

»Geben Sie mir eine Medizin, damit ich wieder Schlaf finden kann«, jammerte sie. »Seit Monaten liege ich wach. Nacht für Nacht. Auch wenn ich so müde bin, daß mir die Augen zufallen – sobald ich im Bett liege, werde ich wieder munter. Ich fürchte, ich bin verhext worden. Sehen Sie, wie meine Hände zittern.« Sie streckte dem Arzt beide Arme entgegen und spreizte die Finger. Sie zitterten tatsächlich.

Michel Nostradamus konnte nur mühsam ein Lächeln unterdrücken. Er nahm die junge Frau bei der Hand und drückte sie in einen Lehnstuhl.

»Nun vergessen Sie einmal, warum Sie zu mir gekommen sind. Erzählen Sie mir doch ganz einfach: Worüber haben Sie sich heute schon gefreut?« Das adlige Fräulein blickte ihn verstört aus großen dunklen Augen an. »Gefreut? Ich bin kein kleines Kind, Herr Doktor. Ich will nicht getröstet, sondern geheilt werden. Ich bin krank. Sehr krank. Mein Arzt hat mir gesagt, daß ich bald sterben muß, wenn ich keinen Schlaf finden kann. Ich leide unter entsetzlichen Kopfschmerzen und werde immer dünner. Glauben Sie, daß ich einen Grund hätte, mich zu freuen?«

Nostradamus nickte. »Ich habe es gewußt. Aber hat Ihnen Ihr Arzt denn nicht auch gesagt, daß ein Mensch Tag für Tag die Freude braucht wie eine Blume die Sonne?«

Bevor die Patientin antworten konnte, griff er wieder nach ihrer Hand. »Kommen Sie, ich verordne Ihnen einen kleinen Spaziergang mit mir. Ich wollte sowieso gerade mit meinem Sohn Cäsar zum Marktplatz gehen. Dort tritt heute eine Gauklertruppe auf. Gehen wir.«

»Aber wollen Sie mich denn nicht wenigstens untersuchen?« versuchte die junge Frau zu protestieren. Die Enttäuschung stand ihr ins Gesicht geschrieben. Doch Nostradamus hatte sich bereits seinen weiten Mantel über die Schultern geworfen. Sein Reden, sein Handeln, sein ganzes Auftreten waren so bestimmt, daß es dagegen einfach keinen Widerspruch gab.

»Den Schleier lassen Sie hier. Den brauchen Sie nicht. Legen Sie lieber die warme Decke um.« Nostradamus reichte ihr einen frischen Apfel, nahm den zehnjährigen Cäsar bei der Hand und ging, ohne sich umzusehen, ob sie ihm auch folgen würde.

Auf dem Marktplatz brannte ein großer Holzstoß. Rund um eine einfache Bühne, aus ein paar Brettern auf Holzblöcken errichtet, war gut ein halbes Dutzend Fackeln aufgesteckt. Zwei Musikanten fabrizierten eine jämmerliche Musik. Ein junger Mann jonglierte mit kleinen Lederkugeln. Ein Zwerg, als Clown aufgeputzt, mit einer knallroten Knollennase und einer Mütze, die bis zum Boden reichte, versuchte, ihm die Bälle wegzuschnappen, indem er drollige Sprünge machte.

Über hundert Leute hatten sich um die kleine Truppe versammelt. Sie klatschten in die Hände und feuerten den kleinen Clown an. Tatsächlich gelang es ihm auch, eine der Lederkugeln zu erwischen. Er schlug vor Freude einen Purzelbaum und warf den Ball in die Menge, die sich wild darum zu balgen begann.

»Was soll ich hier? Erwarten Sie vielleicht, daß ich mich in diesen kreischenden Haufen stürze und wegen eines albernen Balles zerfetzen lasse?« Die junge Frau war wütend.

Nostradamus lachte. »Gewiß nicht. Aber haben Sie denn schon gemerkt, wie wunderbar mild die Luft an diesem Abend ist? Riechen Sie den würzigen Duft, den der Wind von den Olivenhainen in die Stadt hereinträgt? Sehen Sie das Mädchen da drüben? Wie es sich freut? Wie seine Augen strahlen?«

»Wer heutzutage über solche primitiven Belustigungen lachen kann, der muß ein arger Tor sein. Er hat nicht begriffen, wie schlimm es um uns Menschen bestellt ist«, sagte die Dame trotzig. »Ich kann das überhaupt nicht amüsant finden. Sehen Sie doch die Lumpen, in die diese Menschen gekleidet sind. Und dieser grauenhafte Kothaufen, in den Sie gleich hineintreten werden! Ist das etwa zum Lachen?«

Wieder nickte der Arzt, als hätte er genau diese Antwort erwartet. »Das ist eben der Unterschied, der entscheiden kann, ob man gesund bleibt oder krank wird: Wer auf das Schlechte starrt, wird selbst hinfällig. Wer die Gnade besitzt, das Schöne und Gute wahrzunehmen, veredelt sich selbst. Denken Sie darüber nach: Und wenn die Welt morgen untergehen müßte, könnten wir mit allen Sorgen und Befürchtungen nichts daran ändern. Selbst dann gäbe es für uns nichts Besseres zu tun, als Freude zu suchen. Sie kennen doch das Bibelwort: ›Ein fröhlich Herz macht wohlgenährt. Ein kummervoll Gemüt läßt selbst die Knochen weich werden.‹ Glauben Sie mir – das stimmt.«

Nach einer kleinen Pause fuhr Nostradamus fort: »Sie kennen ganz sicher zahlreiche Geschichten und Sagen von den armen reichen Herrschern, die traurig in ihrem Palast sitzen, weil sie alles besitzen – nur kein frohes Herz. Der Sultan läßt jedem den Kopf abschlagen, dem es nicht gelingt, ihn froh zu stimmen. Die Könige und Prinzen des Abendlandes versammeln die Ärzte um sich, weil sie hoffen, einer von ihnen könnte ein Medikament finden, das ihr Gemüt aufzuhellen vermag. Viel besser ist ein ganz anderes Rezept: Sie halten sich Hofnarren. Die vermögen mehr. Denn warum können die Mächtigen nicht mehr herzhaft lachen? Weil sie sich viel zu wichtig nehmen. Gott braucht keinen Menschen. Keinen einzigen. Mich nicht und Sie nicht. Aber die Menschen brauchen einen einzigen Spaßmacher nötiger als zehn Ärzte. Es gibt keine tüchtigeren Heiler als die Narren.«

Nostradamus war so richtig in Fahrt, als wiederum ein Lederball von der Gauklerbühne herabgeflogen kam und ihm den Gelehrtenhut vom Kopf schlug. Für einen Augenblick war er sprachlos und sah so verdutzt drein, daß seine Besucherin in ein helles Gelächter ausbrach. »Das haben Sie nun davon. Zu komisch!« rief sie belustigt.

Nostradamus schmunzelte, setzte sich das Barett wieder auf und prophezeite: »Heute nacht werden Sie schlafen können. Da bin ich ganz sicher. Sie haben herzlich gelacht, wenngleich auch nur aus Schadenfreude.«

SCHLAF IST MEHR ALS NUR EIN ABSCHALTEN

Selbstverständlich hat der Arzt von Salon seiner Patientin aus Avignon auch noch ein gutes Rezept mitgegeben. Denn über Mittel und Ratschläge für einen gesunden, erholsamen Schlaf verfügte er in reichem Maße. Obwohl er selbst nur wenig schlief, sondern sich die Nächte mit Prophezeien um die Ohren schlug, konnte er selbst rabiat werden, wenn jemand den Schlaf als eine reine Zeitverschwendung abzuwerten versuchte. »Wir verschlafen zwar die Hälfte unseres Lebens, das ist schon richtig«, sagte er. »Dafür dürfen wir aber die andere Hälfte doppelt erleben. Der häusliche Friede, das eheliche Glück und viele andere Dinge hängen in erster Linie von einem guten Schlaf ab.«

Und er gab den Rat, das Leben mit dem Rhythmus der Natur zu koordinieren – zu schlafen, wenn es dunkel ist, und wach zu sein, sobald und solange es draußen hell ist.

Er selbst hat sich übrigens nicht deshalb während der

Nacht als Prophet betätigt, weil er tagsüber keine Zeit dazu gefunden hätte, sondern weil er festgestellt hatte, daß sich die Kräfte der Seele viel leichter aus der körperlichen Bindung lösen lassen, wenn der Körper müde ist. Eine Erfahrung, die sich in parapsychologischen Experimenten unserer Tage weitgehend bestätigen ließ.

Für Nostradamus war der Schlaf keineswegs ein passiver Zustand, ein Abschalten und Ausruhen, sondern eine andere Art der Existenz, eine »Umschichtung der Aktivitäten«. Er wußte schon, was die moderne Forschung erst nachprüfen konnte - daß erst im Schlaf die Abwehr- und Heilkräfte voll zum Einsatz kommen, also richtig ›aufwachen‹; daß im Schlaf die Entspannungsarbeit für Körper und Seele geleistet werden muß, damit es nicht zu Verkrampfungen kommt; daß im Schlaf, wenn Grübeln und Sinnieren endlich ausgeschaltet sind, die »natürliche Intelligenz«, die unserem Körper innewohnt, zurechtrücken kann, was wir mit unserer Unruhe, mit falschem Denken und falschen Gemütsregungen ›verrückt‹ haben. Erst die Schlafforscher des zwanzigsten Jahrhunderts konnten herausfinden, wie recht er hatte: Wer nicht schläft, wird nach kurzer Zeit tatsächlich verrückt.

FINDEN SIE IHR PARFÜM

Neben der Freude als der wichtigsten Voraussetzung für einen wohligen Schlaf verweist Nostradamus immer wieder auf eine Sinneswahrnehmung, die wir heute beinahe vergessen haben und verkümmern lassen - das Riechen.

»Nichts führt so direkt zur inneren Ausgeglichenheit wie der Reiz des Wohlgeruchs«, lehrt er. In einer ganzen Reihe ausführlicher Rezepte widmete er sich der Herstellung des ganz persönlichen Parfüms, wobei er stets darauf hinwies: Jeder Mensch muß sein eigenes ›Heilparfüm‹ finden – und gebrauchen. Eine Pflanze, eine Blume im Haus, das war für ihn nicht nur eine Wohltat für die Augen, sondern ein Heilmittel, das über die Nase in den Körper strömt.

Als Astrologe und als Mann, der alles in der Schöpfung geordnet und begreifbar eingerichtet wußte, empfahl er die »astrologischen Parfüms« für die einzelnen Sternzeichen. Und er bemerkte dazu:

>»Ob ein Wohlduft dem Menschen bekommt, das merkt er, sobald ihm der Duft angenehm ist und sein Befinden sich bessert. Wer drei Tage lang mit einer Blume lebt und sich dann wohler fühlt, der hat seine Pflanze gefunden.«

Die ›astrologischen Parfüms‹, die im sechzehnten Jahrhundert in Europa allgemein bekannt waren, heißen für:

Widder	(21. März bis 20. April)	Lavendel
Stier	(21. April bis 21. Mai)	Rose
Zwillinge	(22. Mai bis 21. Juni)	Akazie
Krebs	(22. Juni bis 22. Juli)	Flieder
Löwe	(23. Juli bis 23. Aug.)	Alpenveilchen
Jungfrau	(24. Aug. bis 23. Sept.)	Hyazinthe
Waage	(24. Sept. bis 23. Okt.)	Gardenie
Skorpion	(24. Okt. bis 22. Nov.)	Schmucklilie
Schütze	(23. Nov. bis 22. Dez.)	Veilchen
Steinbock	(23. Dez. bis 20. Jan.)	Lilie
Wassermann	(21. Jan. bis 19. Febr.)	Maiglöckchen
Fische	(20. Febr. bis 20. März)	Jasmin

Daran darf man sich natürlich nicht sklavisch halten – vielmehr kann eine solche Liste nur einen Anhaltspunkt dafür liefern, wo man sein ›persönliches Parfüm‹ am ehesten findet.

Es gilt also, nicht nur ein fertiges Parfüm in der angegebenen Duftrichtung zu suchen, sondern vor allem den natürlichen Duft der entsprechenden Blume aufzunehmen. Man sollte sich den Lavendel oder die Veilchen im Garten oder auf dem Balkon pflanzen und daran riechen, ohne daß sie gepflückt werden. Als Schmuck für das Heim müßte man sich vorwiegend ›die eigene Blume‹ besorgen und nicht irgendeine andere.

Drei- oder viermal am Tag sollte man sich zu seiner Blume begeben – vor allem aber morgens gleich nach dem Aufstehen und abends vor dem Schlafengehen, um ihren Duft in vollen Zügen einzuatmen. Sobald man übergroße Nervosität verspürt, könnte man nach seinem Parfümfläschchen greifen, um sich am Duft zu laben:

»*Dieser Duft besitzt nämlich die Fähigkeit, die Körperkräfte ins Gleichgewicht zu bringen und somit eine gute physische Verfassung zu bewirken. Das ist eine der besten Maßnahmen, jung zu bleiben und einen erholsamen Schlaf zu finden...*«

BEREITEN SIE SICH IHRE DUFTKUGELN

Nostradamus hat uns das Rezept für eine ›Paste‹ hinterlassen, die gewissermaßen als Grundsubstanz wohlriechender Salben und Duftkugeln diente. Es zeigt, wie man sich zu seiner Zeit mit Wohlgeruch umgab, um unangenehme und schädliche Gerüche abzuwehren, um die ›Geister‹ aufzuwecken und Kraft einzuatmen:

Das Rezept:

»Man nimmt fünfhundert bis sechshundert Blütenblätter von roten Rosen – gleichgültig, welcher Sorte. Sie müssen nur sauber und gesund sein.

Diese Blätter werden in kochendes Wasser geworfen. Dabei muß man zusehen, daß man ausreichend Wasser zum Kochen gebracht hat. Es soll die Blütenblätter eben bedecken. Die Rosenblätter läßt man fünf-, sechsmal kurz aufkochen, dann schüttet man das Ganze in einen irdenen Topf und läßt es vierundzwanzig Stunden lang zugedeckt stehen. Am nächsten Tag wird es noch einmal aufgewärmt und anschließend ausgepreßt: Man schüttet den Rosensaft mit den Blättern durch ein Leinentuch und dreht es fest zusammen, bis die Blätter darin völlig trokken sind. Auf diese Weise preßt man alle Substanzen aus den Blättern.

Den gewonnenen Saft läßt man zuerst bei großer, dann bei kleiner Flamme kochen, damit er eindickt. Man rührt gelegentlich um, bis der Saft dick wie Honig geworden ist.

Diesen ›Rosenhonig‹ gibt man schließlich in eine Porzellanschale, die einige Tage an die Sonne gestellt wird. Nicht zudecken! Der Wohlgeruch verflüchtigt sich nicht. Die fertige Paste besitzt einen sehr angenehmen und haltbaren Duft. Man verwendet sie zur Herstellung von ›pommes de senteur‹...«

Duftkugeln gehörten im Mittelalter in jeden gepflegten Haushalt. Man steckte sie zwischen die Wäsche, damit diese frisch und angenehm duftete und zusätzlich desinfiziert wurde. Man hatte sie in Kleidungsstücken, in Schubladen und griff danach, sobald man sich unwohl fühlte.

Nur eines der Rezepte:

»Man besorgt sich in der Apotheke
   60 Gramm Ladanum (Labdanum)
   60 Gramm Storax calamita
   30 Gramm Benzoe Harz
   15 Gramm Rosenpulver
   30 Gramm Veilchenpulver
   1,5 Gramm graue Ambra
   1,5 Gramm Moschus

Diese Zutaten werden fein zerstampft und mit dem ›Rosenhonig‹ regelrecht zu einem Teig geknetet. Eine Stunde lang muß man es gut bearbeiten. Dann kann man kleine Kugeln daraus formen. Sie strömen einen köstlichen Duft aus, den haltbarsten Wohlgeruch, den man sich denken kann.«

Nostradamus berichtet, daß er dieses Rezept arabischen Ärzten verdankt und daß es sich in der Zeit der Pest außergewöhnlich gut bewährt hat: »Es stärkt das Herz und macht das Gehirn frei. Es belebt den Ohnmächtigen und sorgt dafür, daß sich ein angegriffenes Herz rasch erholt. Epileptiker, die es benützen, haben nur noch ein Drittel der Anfälle zu befürchten.«

Interessant ist sein Hinweis, wie schwierig es zu seiner Zeit oftmals war, die richtigen Rohstoffe für die Rezepte aufzutreiben, und wie entscheidend es für das Gelingen eines Rezeptes ist, daß die Zutaten rein und unverfälscht sind:

»Vor allem das Ladanum muß gut und von unverfälschter Qualität sein. Es soll jenes sein, das nach der Erzählung Herodot seiner Muse Thalia gab. Im glücklichen Arabien sammelt man es aus dem Bart des Ziegenbocks. Ich selbst habe drei Jahre lang danach gesucht, um endlich ein halbes Pfund davon zu bekommen. In manchen arabischen Gegenden gewinnt man es nämlich aus dem Magen der Schafe. In der Provence wird das Harz direkt von Cistensträuchern gewonnen...«

Bei diesem Harz handelt es sich aber um nichts anderes als um jene kostbaren Myrrhe-Gaben, die schon als Handelsgut im ersten Buch Moses erwähnt werden: »Nehmt vom Feinsten, was wir haben, etwas Balsam, etwas Honig, Spezereien, Ladanum, Pistazien und Mandeln...« So sagte der alte Israel zu seinen Söhnen, als er sie während der Hungersnot nach Ägypten schickte, damit sie dort Korn einkauften.

In diesen Rezepten tauchen einige Substanzen auf, auf die Sie heute verzichten müssen: Ladanum (Labdanum), grauer Amber, Moschus, Benzoe-Harz. Es handelt sich ausnahmslos um orientalische Duftstoffe, die heute kaum mehr aufzutreiben oder gar für den freien Handel verboten sind, wenngleich sie teilweise noch in Medikamenten ebenso wie in Parfüms enthalten sind.

Sie brauchen deshalb die Rezepte aber nicht zur Seite zu legen. Vereinfachen Sie diese, indem Sie sich von Ihrem Apotheker heimische Duftpulver oder – Öle geben lassen. Beispielsweise könnte man die Menge von Veilchenpulver und

Rosenpulver verdoppeln und den fehlenden Moschus durch einige Tropfen eines guten Parfüms ersetzen. Nehmen Sie statt des Ladanums Myrre oder etwas Ähnliches.

Wichtig scheint bei diesen Duftrezepten ja nicht der ganz spezifische Duft, sondern der Duft überhaupt. Er muß nur angenehm sein. Unsere Großeltern beispielsweise steckten Lavendelsträuße zwischen die Wäsche. Man könnte also auch Lavendel, Lavendelöl oder einfach Kölnisch Wasser verwenden.

DAS REZEPT FÜR IHR GANZ PERSÖNLICHES PARFÜM

Und hier das Rezept für ein ›Duftwasser‹, ein Parfüm, das ebenfalls erfunden wurde, um das Nervensystem in harmonischen Einklang zu bringen:

»Man nimmt
120 Gramm Iris Florentina
30 Gramm getrocknete rote Rosen
30 Gramm Nelken
20 Gramm Galgant
3 Gramm Zimt
15 Gramm Calamus
30 Gramm Lavendel
10 Gramm trockenen Majoran
6 Gramm Orangenschalen
3 Gramm Storax
3 Gramm grauen Amber
2 Gramm Moschus.

Das Ganze wird gut pulverisiert und in einem Glasgefäß mit Rosenwasser angerührt. Dazu kommt Naphthalinwasser, das aus den Blüten der Orange, der Limone und der Zitrone gewonnen wird. Das läßt man einen Tag lang stehen. Am nächsten Tag stellt man das Glasgefäß zum Wasserbad in ein größeres Gefäß und bringt das Wasser in diesem zum Kochen, wobei das Glasgefäß gut geschüttelt wird. Es dauert etwa eine Stunde, bis ungefähr die Hälfte der Flüssigkeit im Glasgefäß eingedampft ist.

Diesen Rest filtert man nun, wobei der Satz gut ausgedrückt wird. Dann seiht man das gewonnene Wasser so oft, bis es ganz klar geworden ist.

Dieses Duftwasser kann man für das Gesicht und die Hände benutzen. Es eignet sich auch als Mundwasser...«

Das wesentliche Merkmal dieser Parfüms ist die Tatsache, daß sie ohne Alkohol hergestellt werden. Gerade das könnte den Reiz ausmachen, ein solches Rezept einmal zu versuchen. Zuvor sollte man sich aber sehr eingehend mit einem Apotheker beraten, der am zuverlässigsten sagen kann, wie man solche Angaben heute handhaben könnte und welche Zutaten eventuell ersetzt oder weggelassen werden dürfen.

Wichtig erscheint in diesem Zusammenhang noch einmal der Hinweis: Die »verpestete« Luft, so sagt Nostradamus mit deutlichem Hinweis auf die Zeit der Pestseuche, macht krank, weil sie, so würden wir es heute formulieren, an das vegetative Nervensystem falsche Signale vermittelt und damit im Körper Alarmsituationen und Hektiken auslöst, die den Organismus langsam, aber sicher zerrütten.

Angenehme Düfte dagegen sind seiner Meinung nach ein Regulativ für jene Nerven, die den Blutdruck, den Herzschlag und die Verdauung steuern. Wer gesund schlafen will, muß alle innere Unruhe ausschalten und die Gedankenflut – vor allem Befürchtungen und Ängste – zum Stillstand bringen.

Schlafprobleme sind selbstverständlich keine Errungenschaft unserer Tage. Es hat sie zu allen Zeiten gegeben. Nostradamus und seine zeitgenössischen Arztkollegen wußten schon sehr wohl, daß die Menschen unterschiedlichen Schlaf benötigen, je nach ihrer Konstitution, nach Alter und Lebensweise. Sie wußten, daß Große und Dünne anders schlafen als Kleine und Dicke. Sehr entschieden trat Nostradamus der Meinung entgegen, der Mittagsschlaf sei grundsätzlich eine Quelle für alle möglichen Übel und Beschwerden. Er sagte: »Für den einen mag das stimmen, für den anderen wäre es völlig falsch. Der eine mag sich erholen, der andere wird nur benommen und träge und ist hinterher noch müder als zuvor. Jeder Mensch ist eben eine Welt für sich und muß das, was für ihn gut ist, selbst herausfinden. Aber soviel ist doch richtig: Für wohlbeleibte Menschen ist der Mittagsschlaf gesünder als für sehr schlanke...«

Auch dieses Wissen hat sich heute bestätigt. Klimaforscher Dr. M. Curry vom ›Amerikanischen Bioklimatischen Institut‹ unterteilte die Menschen in zwei Hauptgruppen: Die K-Typen. Es sind die Schlanken, Großgewachsenen. Sie reagieren stärker als andere auf Kältereize und fühlen sich unwohl, wenn es draußen eisig wird. Legen sie sich mittags nach dem Essen zu einem kurzen Schlaf hin, beginnen sie rasch zu frieren. Hinterher haben sie viel Mühe, wieder richtig wach zu werden.

Und die W-Typen. Das sind die Rundlichen, Kleinen. Sie können jederzeit und überall, wie Napoleon, kurz einnicken und sind alsbald wieder hellwach. K-Typen sollten auf den Mittagsschlaf verzichten, W-Typen bekommt er.

FÜR JUNGE LEUTE – DAS ›KAMILLENELIXIER‹

Wie aus folgenden Rezepten hervorgeht, gab es aber noch andere Unterschiede, die auch heute ihre Gültigkeit besitzen. Für junge Menschen empfahl Nostradamus nicht dieselben Rezepte wie für ältere. Das ›Kamillenelixier‹ beispielsweise sollten die Jüngeren anwenden, die an chronischer Schlaflosigkeit leiden:

»In 200 Gramm Alkohol weicht man ein
100 Gramm Kamillenblüten
20 Gramm Minzeblätter
10 Gramm Weißdornblüten
5 Gramm Zimt.

Das läßt man zugedeckt sechs Tage lang stehen. Gelegentlich wird es lediglich umgerührt. Am siebten Tag erhitzt man in einem irdenen Gefäß 500 Gramm Zucker in einem Liter Wasser. Nicht aufkochen lassen!

Sobald der Sirup etwas abgekühlt ist, schüttet man ihn über die im Alkohol gelösten Blätter und Blüten.

Man läßt das wiederum einige Stunden stehen, dann wird es abgefiltert. Fertig.

Von diesem Elixier nimmt man einen Eßlöffel eine halbe Stunde vor dem Schlafengehen...«

Die Kamille heilt, das ist weitgehend bekannt. Viele Menschen denken, wenn von Heilkräutern die Rede ist, zuerst und hauptsächlich an die Kamille und an Kamillentee. Der berühmte deutsche Kräuterarzt Hieronymus Bock sagte 1570 über diese Pflanze:

»Die ganz gewöhnliche Kamille ist das Hauptmittel der Ärzte. Ohne diese Blume könnten sie nicht viel ausrichten. Bei allen Menschen gibt es deshalb kein beliebteres und bekannteres Arzneikraut als die Kamille. Sie wird bei nahezu allen Gebrechen angewendet...«

Was weithin heute vergessen ist: Kamillentee ist nur ganz frisch wirksam. Im Alkoholelixier des Nostradamus dagegen hält sie sich unverändert. Als Schlafmittel empfiehlt sich die Heilpflanze wegen ihrer beruhigenden und krampflösenden Eigenschaften.

Die Minze, wir sprechen heute in erster Linie von der Pfefferminze, ist ebenfalls krampflösend und nervenberuhigend. Doch darüber hinaus besitzt sie eine sehr seltene, merkwürdige Eigenschaft: Sie reizt die kälteempfindlichen Nervenenden in der Haut. Damit wird gewissermaßen der Körper nach außen hin ›verschlossen‹. Das ist, als würde man im Haus die Läden schließen, um ungestört schlafen zu können. Alles, was von draußen auf den Körper einstürmt, dringt nur gedämpft zu den Schaltzentralen. Auch das Schmerzempfinden ist deutlich herabgesetzt. Die ideale Voraussetzung für einen gesunden Schlaf.

Crataegus!

Der Weißdorn, der Sage nach aus dem Wanderstab des heiligen Joseph entstanden, ist das Herzstärkungsmittel schlechthin und ein Blutdruckregler, wie er besser nicht sein könnte. Den zu hohen Blutdruck senkt er, den zu niedrigen hebt er an. Auch bei Herzmuskelschäden und nervösen Herzbeschwerden leistet der Weißdorn beste Dienste. Darüber gibt es keinen Zweifel mehr. Wie in wissenschaftlichen Untersuchungen sehr eindrucksvoll nachgewiesen wurde, steigert diese Heilpflanze ganz deutlich die Herzmuskeldurchblutung und sorgt dafür, daß bei möglichst geringer Anstrengung eine optimale Pumpleistung erbracht wird. Ein Heilmittel, das wunderbar wirkt – aber keinerlei unerwünschte Nebenwirkungen besitzt.

Quercetanus, der Leibarzt des französischen Königs Heinrich IV., desselben also, der als kleiner Junge schon von Nostradamus in Anwesenheit der Königin Katharina von Medici behandelt wurde, schuf für seinen Herrscher den Weißdornfrüchtesirup, der als ›Syrupus Senelorum‹ berühmt geworden ist. Er entspricht in etwa den heute gebräuchlichen Carataegus-Tropfen oder -Kapseln, die man in der Apotheke rezeptfrei kaufen kann.

Schließlich Zimt, fast ausschließlich als Gewürz bekannt, gewonnen aus der Rinde junger Zimtbäume, wird auch hier wohl zur Geschmacksverbesserung des ›Kamillenelixiers‹ verwendet.

Denn, auch das hat Nostradamus gewußt, wo ein Essen oder eine Medizin Widerwillen erweckt, ist die Wirkung bereits deutlich herabgesetzt, weil der Körper mit seinen Funktionen ebenfalls nur widerwillig reagiert.

Man sieht – jeder Bestandteil des Schlafrezeptes ist eine Kostbarkeit für sich – doch erst die Mischung und die rechte Zubereitung machen das Heilmittel aus. Mit ihm werden nicht einfach Gehirnzentren gelähmt, wie das bei vielen modernen Schlafmitteln der Fall ist, sondern es packt sämtliche Übel, die dem gesunden Schlaf im Weg stehen könnten, an der Wurzel an.

Das ist wahre Medizin.

FÜR DIE ÄLTEREN – DIE ›ANISTINKTUR‹

Für ältere Menschen bietet Michel Nostradamus ein ganz anderes Rezept an. Und das aus gutem Grund. Bei ihnen ist es nicht so sehr die innere Unruhe, die den Schlaf verwehrt, sondern häufig eine mangelnde körperliche Ermüdung bei geistiger und seelischer Erschöpfung. Ältere Menschen fühlen sich zwar müde, aber sie sind es im eigentlichen Sinn meistens nicht. Deshalb wehrt sich der Körper gegen das Einschlafen – oder die Betroffenen wachen mitten in der Nacht oder zu sehr früher Stunde auf und können nicht wieder einschlafen. Deshalb schickt der Arzt des sechzehnten Jahrhunderts seinem Rezept für sie ein paar Bemerkungen voraus, die ganz modern klingen:

> »*Euer Körper muß beweglich bleiben. Haltet eure Muskeln und Gelenke in Bewegung. Aber überanstrengt euch dabei nicht. Alles muß spielerisch leicht bleiben. Und wenn ihr müde seid, entspannt euch vollkommen. Seht zu, daß der Körper nicht zu schwer wird, und denkt an die Regel: Sitzt nur halb so lange zu Tisch, wie ihr geht oder wenigstens in Bewegung seid...«*

Die Trimm-dich-Bewegung unserer Tage könnte nicht treffender in vier Sätze gefaßt werden.

Zur Unterstützung der natürlichen Lebendigkeit, die den gesunden Schlaf ermöglicht, empfiehlt Nostradamus als wirksames Rezept die ›Anistinktur‹:

> *Man nimmt 10 Gramm Anissamen. Ihn läßt man wenigstens fünf Tage lang in einer kleinen Flasche in 50 Gramm Alkohol einweichen. Dann filtert man den Alkohol durch ein feines Leinentuch. Jeden Abend vor dem Schlafengehen nimmt man davon fünf Tropfen...«*

Dieses sehr einfache Rezept überrascht. Anis, weithin bekannt als Tee, der den Magen beruhigt und die Verdauung regelt, und nicht zufällig Bestandteil mancher Weihnachtskekse, ist seit jeher als Heilmittel für die Bronchien verwendet worden. Noch heute findet sich Anis in vielen Hustensäften. Man weiß nämlich, daß es den verschmutzten oder verschleimten Bronchien helfen kann, sich zu reinigen. Die feinen Härchen, die auf den Bronchien der Schleimhaut wachsen wie Gras auf einer Wiese, beginnen lebhafter zu flimmern, sobald man Anis gegessen oder, wie in diesem Rezept, in der Alkohollösung zu sich genommen hat.

Genau das brauchen ältere Menschen, damit sie im Schlaf leichter atmen und mehr Sauerstoff in die Lungen aufnehmen können.

Anistee oder eben diese Anistropfen haben die mittelalterlichen Ärzte vor allem auch stillenden Müttern empfohlen. Die beruhigende Wirkung des Anis geht mit der Muttermilch auf das Kind über, so daß es besser schlafen kann.

...ODER PRIMELSAFT

Ein anderes Rezept, ebenfalls an die nicht mehr ganz jungen Menschen gerichtet, verfolgt dasselbe Ziel:
> »*Man trinkt abends vor dem Zubettgehen ein Glas lauwarmes Wasser, in dem ein Teelöffel Honig aufgelöst ist und dem man sechs Tropfen Primelsaft beigefügt hat...*«

Die Primel besitzt hauptsächlich zwei Heilwirkungen: Sie kräftigt und beruhigt das Herz – und sie löst den Schleim. Wer dieses Honigwasser mit dem Primelsaft getrunken hat – er wird aus der Wurzel der Blume gewonnen – schläft ruhiger. Er kann frei atmen und wird nicht von Hustenanfällen geplagt. Deshalb kann man dieses Getränk auch Kranken geben, die an einer Erkältung leiden.

FÜR JUNGE FRAUEN – VEILCHENDUFT UND EIN BAD MIT HECKENROSEN

Und ein letztes Schlafrezept, von Nostradamus jungen Frauen verordnet, die Einschlafprobleme besitzen:
»*Baden Sie vor dem Schlafen in nicht zu warmem Wasser, in das Sie ein paar Handvoll Heckenrosen geworfen haben...
Atmen Sie den Duft von Veilchen ein, bevor sie sich niederlegen...*«

Das warme Bad ist das zuverlässigste Mittel, eine gesunde Hautdurchblutung zu erreichen. Kalte Glieder, vor allem kalte Füße, werden im Bad rasch warm. Das ist deshalb so wichtig, weil der Mensch von Natur aus zwei besondere ›Aufweck-Einrichtungen‹ besitzt – kälteempfindliche Nerven vor allem in den Füßen und rund um den Mund herum. In früheren Zeiten dienten die Nerven wohl als Alarmsignalgeber. Sobald ein Kältereiz an den Füßen und im Mundbereich empfunden wurde, wachte der Mensch auf: Vorsicht, es droht eine Gefahr.

Es scheint, daß der Bartwuchs beim Mann nicht zuletzt diesen Alarm dämpfen sollte. Wissenschaftler glauben zumindest beobachtet zu haben, daß Männer ruhiger und ausgeglichener reagieren, sobald sie einen Vollbart tragen.

Tatsache ist jedenfalls, daß nichts so sehr am Einschlafen hindert und im Lauf der Nacht den Schlaf stören kann wie kalte Glieder.

Die Heckenrose im Badewasser übt ähnlich wie Hopfen eine stark beruhigende und entspannende Wirkung aus. Man kann die ganzen Blüten verwenden oder auch Hagebutten.

4
Jeder hat seine Schwächen – er muß sie nur kennen

Margarethe war eine schöne Frau. Der Ratsherr aus Salon-de-Provence hatte sie in Marseille kennengelernt und knapp ein Jahr nach dem Tod seiner ersten Frau geheiratet. Sicher, sie hätte seine Tochter sein können. Mit ihren einundzwanzig Jahren übertraf sie den ältesten Sohn nur um knapp vier Jahre. Aber das kümmerte den einflußreichen Händler nicht. Im Gegenteil. Er zeigte sich gern an ihrer Seite auf der Straße und amüsierte sich über die neugierigen und neidischen Blicke seiner Mitbürger.

Seit einigen Wochen allerdings wurde das Paar nicht mehr gesehen. Der Ratsherr ging allein seinen Geschäften nach. Er stolzierte nicht mehr gemächlich und genießerisch dahin, wohlwollend nach allen Seiten grüßend, sondern eilte fast scheu und mit grimmiger Miene durch die finstersten Gassen, als wäre es ihm peinlich, überhaupt gesehen zu werden.

Michel Nostradamus hatte sich schon gefragt, was im Haus des Ratsherrn vorgefallen sein könnte, als er von einem Diener gerufen wurde: »Kommen Sie schnell. Die Frau unseres Herrn ist schwerkrank.«

Margarethe lag im Bett, bis zum Hals zugedeckt. Über ihre Stirn hatte man ein nasses Tuch gebreitet. Ihre Augen glänzten fiebrig. Ihr hübsches Gesicht war eingefallen und durchsichtig. Und alle paar Minuten wurde sie von einem heftigen Hustenanfall hochgerissen.

Als sie den Arzt sah, versuchte sie tapfer zu lächeln. »Es ist nicht so schlimm. Ich fühle mich nur nicht recht wohl. Aber das wird schon wieder vorbeigehen.«

»Es kam ganz plötzlich«, warf der Ratsherr eilig ein, als müßte er sich verteidigen. »Dabei hat sie doch alles in meinem Haus, was sie sich nur wünschen kann. Ein kräftiges, gesundes Essen, warme, feste Kleider und ein Heim, in dem es wahrlich nicht durch die Fugen zieht. Außerdem braucht sie kaum einen Finger zu rühren. Die grobe Arbeit besorgen ihre Mägde.«

Nostradamus trat an das Bett und griff nach der Hand der Kranken. »Wo es eine Krankheit gibt, läßt sich auch eine Ursache finden. Das wissen Sie sehr wohl. Also versuchen wir miteinander, sie zu entdecken.«

Er beugte sich über das Krankenbett, blickte der kranken Frau in die Augen, in den Mund, streifte den Ärmel ihres Hemdes hoch und begutachtete die Haut ihres Armes.

»Etwas Giftiges haben Sie nicht gegessen. Soviel kann ich erkennen. Wie lange fühlen Sie sich denn schon krank?«

»Seit fast zwei Wochen«, sagte der Ratsherr an Stelle seiner Frau.

Nostradamus blickte unwillig auf. »Aber ich habe Ihre Frau schon sehr viel länger nicht mehr auf der Straße gesehen. Warum nicht?«

»Das hat damit nichts zu tun. Margarethe ist nur zu Hause geblieben, weil sie böse auf mich war.«

Der Arzt bohrte unbeirrt weiter. »Warum war Ihre Frau böse?«

»Das geht Sie nichts an. Sie sind nicht als Beichtvater gerufen worden, sondern als Arzt«, polterte der Händler aufgebracht. »Sie sollen meine Frau gesund machen und brauchen sich nicht um mein Seelenheil zu kümmern.«

Nostradamus sah ihn kopfschüttelnd an. »Wenn das voneinander zu trennen wäre, hätten wir schon alle Krankheiten ausgerottet. Aber leider ist es so einfach nicht. Ich sagte schon: Jede Krankheit hat ihre Ursache. Und manchmal liegt sie recht weit weg. Man muß die Vorgeschichte kennen, sonst kann man sie nur schwer finden. Also, noch einmal: Worüber haben Sie gestritten?«

»Er ist krank vor Eifersucht und wirft mir vor, ich würde allen Männern den Kopf verdrehen. Deshalb sperrt er mich hier ein. Ich darf nicht einmal an das offene Fenster treten.« Die junge Frau begann zu weinen und wäre unter einem neuen Hustenanfall beinahe erstickt.

Nostradamus richtete sie im Bett auf und hielt ihr ein Fläschchen mit Parfüm unter die Nase. »Ganz ruhig und tief einatmen! So ist es recht.«

Als sich die Kranke beruhigt hatte, wandte sich der Arzt an den Ratsherrn.

»Also, die eine und wichtigste Ursache haben wir schon gefunden. So ist es leider häufig: Der Mann ist krank – und die Frau hat das Leiden. Oder auch umgekehrt. Ich schicke sofort eine Medizin vorbei. Sie wird Margarethe Linderung verschaffen. Und das Fieber und der Husten werden in zwei Tagen vorbei sein. Aber damit ist sie nicht gesund. Lassen Sie sich nicht täuschen. Heilen kann ich sie nicht. Das müssen schon Sie selbst tun. Kommen Sie heute abend zu mir zum Essen, dann will ich Ihnen sagen, wie das möglich ist.«

Michel Nostradamus gab noch ein paar Anweisungen zur Pflege der Kranken und ging. Am Abend speiste er mit dem eifersüchtigen Ratsherrn und versuchte dabei, ihm zu erklären, wieso er mit seinem falschen Verhalten an der Krankheit der Frau schuld war.

»Die Krankheit haben Sie nicht gemacht, natürlich nicht. Aber durch Sie kam sie zum Ausbruch. Forschen Sie einmal nach, Sie werden dahinterkommen, daß in der Familie Ihrer Frau schon einige mit Krankheiten in der Brust zu tun hatten. Das scheint die ›Familienschwäche‹ zu sein. Aber Sie haben Margarethe mit Ihrer Eifersucht so weit gebracht, daß sie buchstäblich nicht mehr zu atmen wagte. Ihre Vorwürfe lasteten zentnerschwer auf ihrer Brust, so daß die Krankheit den richtigen Nährboden fand, heranzuwachsen. Ihre Frau wird nur gesund, wenn Sie ihr zeigen, daß Sie Vertrauen haben und nicht länger eifersüchtig sind.«

ES GIBT KEINE UNHEILBAREN KRANKHEITEN

Solche Darlegungen waren in damaliger Zeit geradezu ungeheuerlich.

Man muß sich das vorstellen: Durch die Jahrtausende und auch noch im sechzehnten Jahrhundert sah der Mensch in der Krankheit die Strafe Gottes: Der dicke Schlemmer wurde nicht krank, weil sein Organismus hoffnungslos überladen war – sondern weil Gott ihn für seine Unmäßigkeit bestrafte. Kopfschmerzen bekam man von bösen Gedanken und Hautausschlag wegen der Eitelkeit.

Auch Nostradamus spricht im Zusammenhang mit der Pest vom Strafgericht Gottes. Er war zu dieser Ansicht gelangt, weil der eine oder andere Ort von der Seuche völlig verschont blieb, während sie in manchen Orten in deren unmittelbarer Umgebung kaum einen der dort lebenden Menschen verschonte.

Und er dachte wohl an die Geschichte vom Untergang Sodoms und Gomorrhas und an das Versprechen des Engels, die Städte blieben vom Untergang verschont, würden sich auch nur zehn einigermaßen anständige und ehrenhafte Bewohner in ihnen finden lassen.

Doch zwischen der alten Vorstellung und dem, was Michel Nostradamus lehrte, gab es einen riesigen Unterschied. Er wußte wie viele seiner Zeitgenossen, allen voran Paracelsus, daß es eine ganz natürliche Ansteckung gibt, gegen die man vorbeugen kann. Jahrhunderte vor Louis Pasteur und Robert Koch und vor der Entdeckung des Penicillins gab er vorbeugende Mittel an jene, die noch nicht angesteckt waren. Die Toten wurden sofort aus der Stadt geschafft. Die Stadttore wurden geschlossen, nachts errichtete man Wachfeuer rund um die Mauern, damit sich keiner unbemerkt einschleichen und die Krankheit einschleppen konnte. Der Arzt Nostradamus nahm die Krankheit also nicht mehr als unausweichliches Schicksal hin, dem der Betroffene nicht entfliehen kann, weil gegen Gottes Wille doch nichts auszurichten ist, sondern er sagte:

»*Wer eine Krankheit als unheilbar bezeichnet, der ist kein Arzt.
Jedem leidenden Menschen gegenüber hat der Arzt die
Pflicht, alles zu versuchen, um ihn gesund zu machen. Und
wäre er derselben Krankheit gegenüber auch schon hundertmal gescheitert...*«

Das ist neu, in den Augen seiner Zeitgenossen schon beinahe gotteslästerlich, aufrührerisch gegenüber dem Schöpfer.

Nostradamus hatte erkannt, daß manche Krankheit, so schwer sie sich auch äußern mag, nach einem gewissen Zeitraum überwunden werden kann – auch ohne medizinische Hilfe. Er machte sich lustig über Arztkollegen, die mit ihren Rezepten prahlten und sich als Wunderheiler feiern ließen:

»*Es gibt nur einen Medikus – das ist der Körper selbst. Wir
Ärzte können ihn unterstützen, aber nicht heilen. Vieles
von dem, was wir uns als Erfolg anrechnen, hat er selbst
getan – nicht selten sogar, indem er sich gegen unsere
Fehler gewehrt hat...*«

Eine Bescheidenheit, die jedem Arzt auch in unseren Tagen gut zu Gesicht stünde. Man spricht heute von den sogenannten ›Spontanheilungen‹, die speziell bei schlimmen Krebserkrankungen gelegentlich beobachtet werden: Ein Patient ist plötzlich gesund, ohne daß sich eine plausible Erklärung dafür finden ließe. Aber sicher kommt jeweils einer daher und behauptet: »Das war der Saft der roten Rüben.« Oder: »Ein neues Medikament hat die Heilung bewirkt.«

Tatsächlich hat der Körper ganz allein das Wunder vollbracht. Er konnte es, weil vermutlich der eigentliche Grund des Leidens, vielleicht ein seelischer Konflikt oder eine schädliche Lebensweise, weggefallen war.

Nicht zuletzt solche ›Spontanheilungen‹ machen es so schwer, die Wirksamkeit eines neuen Mittels oder einer neuen Behandlungsweise zu belegen. Jedes Scheinmedikament, also eine Pille oder eine Tablette, die keinerlei Wirkstoffe besitzt, sondern nur so aussieht, als wäre sie ein Medikament, ist bei wissenschaftlichen Tests in der Klinik wenigstens zu einem Drittel ebenso wirksam wie das Medikament selbst. Ganz einfach, weil der Patient glaubt, daß ihm geholfen wird.

GLÜCK IST DAS BESTE HEILMITTEL

Nostradamus kannte solche Zusammenhänge – und lehnte gerade deshalb die alten Vorstellungen von der Krankheit als Strafe nicht ab. Er sagte:

»*Das falsche Denken macht krank. Das falsche Fühlen führt zum Leiden. Haß zerstört den, der gehaßt wird, ebenso wie jenen, der Haß empfindet.*«

So gesehen war die Verbindung von Tugendhaftigkeit im besten Sinn und Gesundheit keineswegs so primitiv, wie es bislang gern dargestellt wurde. Hautunreinheit und Eitelkeit können tatsächlich in einem direkten Zusammenhang miteinander stehen – vorausgesetzt, die Eitelkeit beschäftigt den Betreffenden so sehr und führt so weit weg von der Natürlichkeit, daß die Haut mangels gesunder Durchblutung krank werden muß. Auch Kopfschmerzen und viele andere Krankheiten sind nur zu oft, wir sagen heute, psychisch bedingt: Man quält sich ab mit unnützen, belastenden Gedanken – und der Körper beginnt zu leiden. Man wird ›gekränkt‹ – und ist bald krank.

Umgekehrt gilt aber ebenso: Wer glücklich und unverkrampft ist, besitzt einen starken Schutz gegen Krankheiten, nicht nur gegen Ansteckungen.

»*Die Natur bildet eine große Harmonie. In ihr besteht nur fortschreitende organische Entwicklung. Krankheiten kommen nur dort auf, wo diese Harmonie im menschlichen Körper gestört ist . . .*«

Dieser Satz bestätigt nicht nur die chinesischen Vorstellungen von Yin und Yang, den beiden Energieströmen im

Körper, die im Gleichgewicht sein müssen, damit der Körper gesund bleiben kann. Sie stellt den menschlichen Organismus gleichzeitig hinein in die Energieströme der gesamten Schöpfung.

Die Rezepte von Paracelsus, Nostradamus und der übrigen zeitgenössischen medizinischen Neuerer zielen nicht auf spezielle Krankheiten ab, sondern sie versuchen, den Körper zu stärken, damit er sich selbst helfen kann. Es gibt in den alten Rezepten kein Mittel gegen etwas, sondern nur Arzneien für etwas.

Das hat zu dem Mißverständnis geführt, die Quacksalber alter Zeiten hätten immer nur nach dem Allheilmittel gesucht. Man störte sich daran, daß dieselben Rezepte so oft bei ganz verschiedenen Krankheiten Anwendung fanden, und hielt das für eine gewisse Verlegenheit oder gar für magischen Zauber. Doch das war nur eine völlige Verkennung der Behandlungsart im sechzehnten Jahrhundert. Nostradamus hat nicht die Grippe bekämpft, sondern das Herz des Kranken gestärkt, die Atemwege gereinigt, die Durchblutung im Hals und im Rachenraum verstärkt und somit die natürliche Heilung beschleunigt.

SPEICHEL – DIE ENZYMQUELLE VON DAMALS

Um noch ein ganz typisches Beispiel zu erwähnen, das auch erst in allerjüngster Zeit richtig verstanden werden kann – bei manchen Rezepten gab Michel Nostradamus die Anweisung: »Man verwende schließlich den Speichel junger Menschen, die drei Tage lang keinen Essig und keine Zwiebeln gegessen und keinen Fruchtsaft getrunken haben.«

Abstoßend und geradezu widerlich. Oder etwa nicht?

Seltsamerweise hat man bei Naturvölkern in Neuguinea genau dieselbe Handlungsweise entdeckt. Wenn das Essen für die alten Menschen fertig zubereitet war, holte man die Kinder zur Kochstelle. Und diese mußten dann in den Topf spucken.

Diese Maßnahme ist nichts anderes als eine Anreicherung der Speisen mit natürlichen Enzymen, die sich im Speichel junger Menschen in sehr kräftiger und wirksamer Form finden, während ältere Leute in der Regel unter einm Enzymmangel leiden. Ihre Speicheldrüsen sind erschöpft, so daß sie nicht mehr ausreichend Enzyme herstellen können. Damit bliebe die Nahrung ohne die Spucke der Kinder schwerverdaulich. Wunden würden schlecht verheilen, die Abwehrkräfte des Körpers wären erlahmt. Schließlich werden nahezu alle chemischen Vorgänge im Körper von Enzymen geregelt.

Heute kann der Enzymzusatz zur Nahrung sehr viel hygienischer gehandhabt werden, weil man die Enzyme kennt und zu behandeln weiß.

Nostradamus ahnte aber schon vor vierhundert Jahren, daß vor allem Säuren die Enzyme im Körper vernichten können. Deshalb seine Essensvorschrift, daß junge Menschen den Speichel liefern sollten. Man sieht – was so fürchterlich rituell aussah und nach faulem Zauber roch, entpuppt sich bei näherem Hinsehen als durchaus sinnvoll und richtig. Vermutlich werden sich auf ähnliche Weise viele ›Zaubermittel‹ aus dem Mittelalter bei genauerer Untersuchung in Zukunft als ganz selbstverständliche Methoden herausstellen, die aus einsichtigem Wissen oder zumindest Erahnen entstanden sind. Man müßte nur mit der rechten Einstellung an diese Dinge herangehen.

MAN MUSS DIE GESCHICHTE DER ANFÄLLIGKEITEN ERFORSCHEN

Im Gespräch mit dem Ratsherrn aus Salon-de-Provence ließ Michel Nostradamus eine interessante Bemerkung fallen. Er sprach von der ›Familienschwäche‹.

Was er damit gemeint hat, wird an anderer Stelle noch deutlicher:

> »Wer die Eltern und Großeltern seiner Patienten nicht kennt,
> sucht im Finstern nach der Ursache der Krankheit. Wer
> nicht weiß, woran Vater und Mutter zu leiden hatten, der
> wird nie sich selber kennenlernen. Dann kann er aber seine
> Schwächen auch nicht ausmerzen.«

Die Medizin spricht heute bei vielen Krankheiten von erblicher Vorbelastung. Sie geht davon aus, daß zwar nicht die Krankheit selbst, aber die Anlage dazu häufig schon mit dem Erbgut mitgegeben ist. Etwa bei Diabetes, bei Bluthochdruck, bei der Schuppenflechte – auch bei bestimmten Krebserkrankungen.

Nostradamus sagt dazu:
> »Jede Familie hat ihren ›schwachen Punkt‹. Bei der einen ist es
> eine Anfälligkeit für Halsschmerzen. Andere bekommen
> Nieren- oder Gallensteine. In der einen Familie legt sich der
> Ärger auf den Magen, in der anderen schafft er Rücken-
> schmerzen oder einen Hautausschlag. Ich habe beobachtet,
> daß in den einzelnen Familien immer wieder dieselben
> Krankheiten auftauchen. Man sollte sie unbedingt kennen.
> So wie man im Adel einen Stammbaum erstellt, um festzu-
> halten, aus welchem Geschlecht die Urgroßmutter stammte
> und wo der Urgroßvater zu Hause war, so sollte man einen
> ›Stammbaum der Familienkrankheiten‹ schreiben: Woran ist
> der Großvater gestorben? In welchem Alter? Mit welchen
> Beschwerden mußte er sich herumschlagen? Wie war das
> mit der Großmutter?
>
> Wenn man diese Daten kennt, weiß man ziemlich sicher,
> wogegen man sich vorzusehen hat. Denn sechs von zehn
> Krankheiten kommen von der Seite der Mutter, drei von
> zehn von der väterlichen Seite. Andere Krankheiten mögen
> neu sein, weil man anders lebt als sie...«

Ob sich solche Feststellungen eines Tages in exakten statistischen Forschungen werden bestätigen lassen, bleibt abzuwarten. Bislang weiß man einfach noch zu wenig über solche Zusammenhänge. Weithin wird allerdings bedauert, daß es den Hausarzt alter Prägung kaum noch gibt. Er kannte noch die Familie und ihre Schwachpunkte, er war vertraut mit dem Milieu, in dem sie lebte. Deshalb hatte er es auch wesentlich einfacher, die richtige Diagnose zu stellen und die eigentlichen Ursachen hinter dem vordergründigen Leiden aufzudecken.

Nostradamus gibt einen recht praktischen Rat, der gerade heute beachtet werden sollte:

»Bevor Sie zum Arzt gehen, sollten Sie die Eltern und Großeltern aufsuchen. Schildern Sie ihnen Ihre Beschwerden, und erkundigen Sie sich, wie sie selbst mit diesem oder einem ähnlichen Leiden fertig geworden sind.

Und umgekehrt – Eltern sollten ihren Kindern ihre Leiden nicht verbergen, sondern mit ihnen in aller Offenheit darüber sprechen. Wenn ein Vater oder eine Mutter an der Gicht leidet, wäre es sinnvoll, die Krankheit den Kindern in allen Einzelheiten zu beschreiben. Denn nur dann haben die jungen Leute die Möglichkeit, das vom Tisch zu verbannen, was bei ihnen die Krankheit ebenfalls auslösen könnte...«

Also damals schon: Die Veranlagung auf der einen Seite – die Auslösung der Krankheit durch falsches Essen oder falsche Lebensgewohnheiten auf der anderen. Beides zusammen erst ergibt das Leiden.

Nostradamus vermittelte uns noch einen anderen interessanten Hinweis:

»Wenn Sie krank werden, notieren Sie die Stunde, den Tag, die Woche, den Monat. Sie werden sehr schnell herausgefunden haben, daß es bestimmte Zeiten gibt, in denen Sie besonders anfällig sind für Krankheiten. Beim einen ist das Frühjahr gefährlich, der andere hat seine Probleme stets im Sommer oder im Herbst. Wenn Sie Ihre ›schwache Zeit‹ kennen, dann haben Sie die Möglichkeit, besonderen Risiken auszuweichen, um bessere Zeiten abzuwarten...«

Das stimmt. Jeder, der das einmal nachgeprüft hat, wird feststellen, daß es nicht nur in jedem Jahr eine bestimmte Zeitspanne von wenigen Tagen gibt, in der er besonders leistungsfähig und erfolgreich ist, sondern es finden sich auch die ›Krisentage‹, die sich regelmäßig zur selben Zeit einstellen. Man kann nicht einfach sagen: Im Winter ist jeder tüchtiger als im Sommer. Das Wetter hat gewiß seine nicht zu unterschätzenden Auswirkungen auf Befinden, Gesundheit und Leistungsfähigkeit. Aber jeder hat – abgesehen davon – sein eigenes ›Auf und Ab‹. Die optimale Leistung kann er nur bringen, wenn er diesen Rhythmus kennt und sich besonders dann einsetzt, wenn er auch in Form ist.

UND SCHLIESSLICH – DIE ›ASTROLOGISCHE ANFÄLLIGKEIT‹

Mit Astrologie im eigentlichen Sinn hat das nichts zu tun. Aber auch sie ist natürlich bei Michel Nostradamus im Hinblick auf die Gesundheit nicht ausgespart. Es läßt sich heute nicht mehr feststellen, wer als erster den einzelnen Sternkreiszeichen bestimmte Krankheitsneigungen zugeteilt hat. Sicher ist jedoch, daß Ärzte wie Nostradamus die Einteilung, die sich durch viele Jahrhunderte erhalten hat, sehr wohl kannten – und auch beachteten. Der Mensch wurde von Kopf bis Fuß an die zwölf Zeichen ›verteilt‹. Das Schema der persönlichen Anfälligkeit sah dann so aus:

WIDDER
(21. März bis 20. April)
Gesundheitliche Störungen ergeben sich oft im Kopf, an Augen und Ohren. Man neigt zur Migräne, Nervosität, erhöhtem Blutdruck. Das überschäumende Temperament reißt oft zu Unüberlegtheiten hin.

STIER
(21. April bis 21. Mai)
Besonders gefährdet sind Hals, Rachen, Stimmbänder. Man

muß sich vor Erkältungskrankheiten und vor Übergewicht hüten. Auch sollte die Schilddrüse und dem Drüsensystem allgemein besondere Beachtung gelten.

ZWILLINGE
(22. Mai bis 21. Juni)
Die Schwachstellen sind Lunge und Bronchien, sowie Schultern und Arme. Es gilt Asthma und Bronchitis und Lungenerkrankungen vorzubeugen. Außerdem muß dem Hexenschuß ausgewichen werden.

KREBS
(22. Juni bis 22. Juli)
Ihm schlägt sich alles besonders gern auf den Magen. Er muß viel gegen heimlichen Groll und Verstimmungen tun. In diesem Zeichen finden sich aber auch häufig eingebildete Kranke. Vieles wird zu ernst genommen.

LÖWE
(23. Juli bis 23. August)
Bei diesem Draufgänger sind Herz und Kreislauf besonderen Strapazen ausgesetzt. Er muß sich vor allem vor der Arteriosklerose in acht nehmen und auch Durchblutungsstörungen vermeiden.

JUNGFRAU
(24. August bis 23. September)
Geborene dieses Zeichens haben häufig mit Darm- und Verdauungsproblemen zu tun. Sie neigen zur körperlichen Bequemlichkeit und reagieren seelisch zu empfindlich.

WAAGE
(24. September bis 23. Oktober)
Das Rückgrat, Kreuzschmerzen und Nierenleiden machen oft zu schaffen. Es gilt, dem Rücken ganz allgemein Beachtung zu schenken und die Nieren vor Überlastungen zu schützen.

SKORPION
(24. Oktober bis 22. November)
Kummer bereiten nicht selten die Geschlechtsorgane und die Hormondrüsen ganz allgemein. Auch holen sie sich gern eine Unterleibsentzündung oder Harnweginfektionen statt des Schnupfens.

SCHÜTZE
(23. November bis 22. Dezember)
Es kann vor allem Probleme mit den Oberschenkeln, mit Krampfadern und Ischiasleiden geben. Auch das Blutsystem ganz allgemein ist gelegentlich anfällig.

STEINBOCK
(23. Dezember bis 20. Januar)
Er muß auf seine Knie sehr sorgfältig aufpassen und kann leicht mit Gelenken überhaupt zu tun haben. Rheumatische Leiden treffen ihn rascher als andere.

WASSERMANN
(21. Januar bis 19. Februar)
Er gilt als schwach in den Unterschenkeln und leidet oft unter Durchblutungsstörungen. Er muß auf eine gesunde Haut achten und seine Nerven stärken.

FISCHE
(29. Februar bis 20. März)
Sie stehen buchstäblich auf ›schwachen Füßen‹, haben häufig mit Knochenverbildungen und Knöchelverstauchungen zu tun. Ihre Sorgfalt muß dem Schuhwerk gelten.

Selbstverständlich darf man so etwas nicht wörtlich nehmen. Doch es kann auch nicht schaden, wenn man darum weiß und entsprechend gewisse Beobachtungen anstellt. Tatsächlich gibt es kaum einen Stier, der ein großer Sänger geworden wäre. Möglicherweise eben doch, weil er im Hals zu anfällig ist.

Und selbst die Probleme um die Füße lassen sich bei Fische-Geborenen nicht übersehen.

Das Universalgenie Albertus Magnus – von der katholischen Kirche heilig gesprochen – hätte solche Hinweise jedenfalls ernst genommen. Er meinte:

»Alles, was Kunst und Natur hervorbringen, wird von den himmlischen Kräften bewegt. Die Figuren des Himmels und der himmlischen Körper waren vor allen übrigen erschaffenen Dingen da. Und eben deshalb haben sie einen Einfluß auf alles, was nach ihnen entstanden ist.«

Australische, holländische und amerikanische Forscher fanden in den siebziger Jahren aufgrund statistischer Untersuchungen recht merkwürdige Zusammenhänge zwischen Geburtstag und Gesundheit eines Menschen – ohne daß sie die Sterne dafür verantwortlich machen wollten:

Überdurchschnittlich viele Krebskranke sind im Winter geboren.

Menschen, die zwischen Januar und März Geburtstag haben, sind häufiger für seelische Erkrankungen anfällig als andere.

Unter den Geisteskranken gibt es auffällig viele Maigeborene. Allerdings stellen diese auch ein besonders großes Kontingent an Genies.

Märzgeborene werden im Durchschnitt vier Jahre älter als Juligeborene.

Wer im Sommer zur Welt kommt, hat beste Aussichten, recht groß zu werden. Wintergeborene sind im Durchschnitt deutlich kleiner.

Der Intelligenzquotient der Mai- und Junigeborenen und der September- und Oktobergeborenen liegt über dem Gesamtdurchschnitt...

Und so weiter. Wie gesagt – hier handelt es sich um Durchschnittswerte, die für den einzelnen ziemlich bedeutungslos sind. Aber auch sie können eine Richtung anzeigen. Und es dürfte niemals schaden, solche Richtungen zu kennen.

5
Liebe – Schönheit – Manneskraft

Liest man die grausamen Berichte über jene Zeit der rohen Gewalttaten, der Kriege und Seuchen und der bitteren Armut, dann sollte man eigentlich annehmen, die Menschen hätten im sechzehnten Jahrhundert ganz andere Sorgen gehabt, als sich um ein gefälliges Aussehen, um Schönheit, Liebeszauber und Potenzprobleme zu kümmern.

Weit gefehlt. Die meisten seiner geheimen Heilrezepte widmete Michel Nostradamus diesem ewig zentralen Thema.

Der Arzt von Salon-de-Provence saß mit seiner Frau und den sechs Kindern beim Frühstück. In der Mitte des großen Eichentischs stand eine lehmgebrannte Schüssel mit einem dicken Milchbrei. Nüsse, Mandeln, grob zermahlener Hafer und Weizen, Rosinen und Honig waren in der kuhwarmen Milch verrührt. Und alle rund um den Tisch löffelten aus der einen Schüssel.

Da trat Marie, die Frau des Bäckers Julien, in die Küche. Sie brachte ein duftendes frisches Weißbrot mit und bat den Arzt: »Ich brauche Ihren Rat. Bitte, gönnen Sie mir ein paar Minuten.« Marie war noch jung, etwa siebenundzwanzig Jahre alt, doch sie wirkte, als wäre sie schon weit über Vierzig. Die Haare hingen ihr strähnig und grau in das runde Gesicht. Unter den vorwurfsvollen Augen lagen dunkle Tränensäcke. Um den Hals zogen sich häßliche Falten. Die Hände waren rauh und ungepflegt. Das Schlimmste aber –

die Frau keuchte und schnappte nach Luft, so daß sie vor lauter Anstrengung krebsrot im Gesicht war.

Nostradamus legte seinen Löffel zur Seite und führte seinen Besuch ins Wohnzimmer. Bevor Marie noch etwas sagen konnte, schimpfte er verärgert: »Ich habe Ihnen doch ein Mundwasser gegeben. Warum nehmen Sie es nicht? Ihr Atem wirft ja das stärkste Pferd um.«

Die Bäckersfrau begann zu weinen. »Ich habe andere Sorgen. Wahrhaftig. Heute in der Nacht wäre ich beinahe erstickt. Ich bekam keine Luft mehr. Stundenlang bin ich vor dem Bett auf und ab gegangen. Es ist so schlimm, Herr Doktor, daß ich manchmal wünschte, Gotte verzeih es mir, ich wäre endlich tot...«

»Wenn Sie so weitermachen wie bisher, ist es vielleicht schneller soweit, als Sie glauben«, fiel ihr Nostradamus ins Wort.

Doch da stampfte sie wütend mit dem Fuß auf. »Sagen Sie das nicht mir, sondern meinem Mann, diesem Halunken. Er beschimpft mich von morgens bis abends. Er betrügt mich. Welche Schande für unser Haus! Jetzt hat er auch noch die junge Magd verführt. Ich darf sie nicht einmal wegschicken. Und das widerliche Mehl ist im ganzen Haus. Es legt sich mir auf die Brust wie eine Zentnerlast. Wäre ich bloß nie in dieses Haus gekommen!«

Nostradamus hörte sich das alles geduldig an. Aber dann sprang er auf. »Genug. Jetzt habe ich Ihre Seite gehört. Aber was würde mir wohl Julien erzählen? Glauben Sie vielleicht, ich hätte Ihnen das Mundwasser zubereitet, wenn es etwas Nebensächliches wäre? Kennen Sie einen einzigen Mann, der nicht an eine andere, attraktivere Frau denken würde, wenn er Ihnen begegnet? Sehen Sie doch nur Ihre Hände an! Warum verwenden Sie meine Seife nicht? Und Ihre Haare! Besitzen Sie keinen Funken Eitelkeit mehr? Möchten Sie niemals mehr hübsch, begehrenswert sein? Ich erinnere mich recht gut. Vor fünf, sechs Jahren waren sie noch eine Frau, nach der sich die Männer umgedreht haben. Warum eigentlich lassen Sie sich jetzt so gehen? Weil Sie es nicht mehr nötig haben, einen Mann zu kriegen? Warum stopfen Sie sich voll mit frischem Brot und Süßigkeiten? Weil Sie unzufrieden sind?«

»Aber ich bin doch krank. Sehen Sie denn nicht, daß ich schwerkrank bin? Ich werde nur dick, weil ich nicht mehr gesund bin. Es ist ein bitteres Unrecht von meinem Mann, daß er mich jetzt, da ich nicht mehr so jung und so appetitlich bin wie früher, nicht mehr lieb hat.«

Nostradamus schüttelte den Kopf. »Nein. Und nochmals nein. Am Anfang war nicht die Krankheit, das wissen Sie sehr genau. Am Anfang standen die Unzufriedenheit und die Enttäuschung. Das hat Sie erst krank und alt werden lassen. Es stimmt schon – Mehl kann sich einem Menschen, wenn er schwach auf der Brust ist oder ein krankes Herz hat, auf die Lunge legen. Aber auch das war am Anfang bei Ihnen nicht so. Es kam erst, als Sie anfingen, das Mehl zu hassen. Inzwischen sind Sie derart angeekelt von jedem Stäubchen, daß Sie es nicht mehr sehen können. Wundert es Sie, daß Sie da krank werden? Nein. Ihr Mann ist gewiß kein Engel. Und wahrscheinlich kann er Sie auch nicht mehr leiden. Aber haben nicht Sie ihn zuerst verachtet, weil er nicht so reich war, wie Sie sich wünschten? Weil er sich vor seinem Backofen abschindet und doch nicht so recht von der Stelle kommt?«

Marie wollte etwas entgegnen, aber Nostradamus ließ sie nicht zu Wort kommen. »Sie haben doch einen Bruder in St. Camat? Gut. Statten Sie ihm einen Besuch ab. Aber bleiben Sie wenigstens zwei Wochen dort. Und nützen Sie die Zeit, wieder jung und attraktiv zu werden. Die Luftveränderung und die andere Umgebung werden Ihnen dabei helfen. Ich gebe Ihnen ein Rezept, damit Sie besser atmen können. Nehmen Sie es regelmäßig. Essen Sie viel Trauben und Oliven, ganz wenig Brot und nichts Süßes. Vor allem aber, bereiten Sie sich den Körperpuder und meine Kräuterseife...«

Typisch Nostradamus. Er hat sich niemals damit begnügt, das Asthma zu heilen oder ein Mittel gegen den Husten zu verschreiben. Er suchte den Hintergrund. Weil er seine Patienten kannte, fiel es ihm auch nicht allzu schwer, ihn zu finden. Er wußte, die Mehlstauballergie der Bäckersfrau ist nur heilbar, wenn sich die Abneigung gegen das Mehl und den Beruf des Mannes mindert. Er schickt sie in eine ›Kur‹ und soll damit, so wird berichtet, Erfolg gehabt haben.

DER WOHLDUFTENDE KÖRPERPUDER

Hier ist das Rezept für den wohlduftenden Puder, der als Körperpuder und auch als Mittel gegen Mundgeruch verwendet wurde:

»Man nimmt 30 Gramm frische grüne Zypressenzweige,
180 Gramm Iris Florentina,
90 Gramm Nelken,
90 Gramm Calamus,
180 Gramm Aloeholz.

Diese Zutaten werden zu einem Pulver zerrieben und zermahlen, das so fein ist, daß es beim leichtesten Hauch davonfliegt. (In einer guten Apotheke bekommt man heute die fertigen Pulversorten.)

Dann nimmt man dreihundert bis vierhundert frischgepflückte rote Rosenblätter. Sie werden in einem Steinmörser mit einem Holzstößel zerstampft. Die halbzerstampften Rosenblätter werden unter das Pulver gemischt. Man formt aus dem Ganzen kleine flache Kuchen und läßt diese im Dunkeln trocknen. Sie riechen sehr gut.

Mit Hilfe dieser Grundsubstanz lassen sich die köstlichsten Körperpuder herstellen. Je nach Geschmack mischt man Moschus und grauen Amber darunter. Man kann das Pulver auch in Rosenwasser auflösen und im Schatten wieder trocknen lassen.

Nimmt man etwas von diesen Kuchen in den Mund und läßt es dort langsam zergehen, ohne daß man es kaut, hat man den ganzen Tag über einen frischen und sehr angenehmen Geschmack im Mund und ist befreit vom üblen Geruch, der aus dem Magen oder von kranken Zähnen kommt.

Dieser Puder hat sich auch während der Pest bewährt. Wer noch gesund war, nahm den Puder in den Mund und blieb vor der Ansteckung bewahrt.«

Ein anderes, ähnliches Rezept nannte Michel Nostradamus ›Veilchenpuder‹.

Unter dieser Bezeichnung oder auch als ›Violenpulver‹ ist es berühmt geworden, obwohl es mit dem Veilchen nichts zu tun hat, in seinem Duft aber daran erinnert:

»Man nimmt
1 Pfund Iris florentina (Veilchenwurz)
60 Gramm Calamus
120 Gramm Rosen
60 Gramm Koriander
30 Gramm Aloeholz
30 Gramm kleine getrocknete Orangen
30 Gramm Samen der Storax calamita
20 Gramm Ladanum
60 Gramm Rosenpulver
120 Gramm Lavendel
60 Gramm Nelken
30 Gramm Galgant
2 oder 3 Lorbeerblätter.

Das alles wird gründlich vermischt und gut zerstoßen, bis ein feines Pulver daraus geworden ist. Darunter mischt man zuletzt je 10 Gramm grauen Amber und 10 Gramm Moschus. Falls Sie den Eindruck haben, daß dieses Pulver zu aufdringlich duftet, können Sie noch Iris florentina hinzugeben, soviel Sie für richtig halten.«

Hier darf noch einmal darauf hingewiesen werden: Nostradamus ging es nicht darum, einen weniger angenehmen Duft mit einem angenehmeren zuzudecken, sondern er war fest davon überzeugt, daß im Parfüm, im Wohlduft, Heilkraft steckt. Was als angenehm empfunden wird, schafft aber auch Sympathie und Zuneigung. Was für mich gut und bekömmlich ist, das begegnet mir angenehm – auch und gerade durch seinen Duft. Er ist schließlich die stärkste direkte Ausstrahlung eines Gegenstandes, einer Pflanze oder eines Menschen. Man mag ihn oder sie, wenn man ihn oder sie ›riechen‹ kann.

DIE GANZ PERSÖNLICHE HAUTCREME

Michel Nostradamus hat auch eine Creme für eine gesunde und schöne Haut geschaffen. Das Rezept dazu beschreibt er folgendermaßen:

»Man nimmt zwei Pfund frisch ausgelassenes Schweineschmalz. In einer großen Schüssel gießt man etwas Rosenwasser darüber und knetet es kräftig etwa eine Stunde lang.

Dann werden zwölf Äpfel der besten Sorte fein zerrieben, ebenso zwei oder drei gutausgereifte Quitten.

Dazu vier geriebene Orangenschalen und zwei geriebene Zitronenschalen.

In einem Mörser zerstampft man diese Zutaten zusätzlich, damit sie wirklich ganz fein sind.

Sie werden anschließend mit dem Fett vermischt.

Dann kommen hinzu:
150 Gramm Pulver der Iris florentina
30 Gramm Nelkenpulver
30 Gramm Storax calamita
15 Gramm Kalmus.

Das Ganze wird erneut gut vermischt und geschlagen, wobei man gelegentlich etwas Rosenwasser hinzugibt, damit es schön geschmeidig wird.

Dann schüttet man das gewürzte und geknetete Fett in

einen Kochtopf, der nicht aus Metall ist. Man läßt es bei kleinster Flamme zergehen, wobei man es zugedeckt hält und aufpaßt, daß es nicht gerinnt. Es muß häufig mit einem hölzernen Kochlöffel umgerührt werden, bis es völlig zergangen ist. Man probiert das aus, indem man ein paar Tropfen zwischen den Fingern zerreibt. Riechen Sie daran, ob der Wohlgeruch perfekt ist. Und passen Sie auf, daß es nicht zum Kochen kommt.

Wenn Sie den Topf vom Feuer nehmen, geben Sie noch eine Messerspitze Moschus bei.

Sie können diese Salbe noch folgendermaßen verbessern:

Fügen Sie hinzu:
3 Gramm Moschus
8 Gramm grauer Amber.

Diese Zutaten werden miteinander fein zermahlen, mit Rosenwasser vermischt und in den Topf mit der warmen Salbe gegeben, die nun noch einmal kurz erhitzt (aber nicht gekocht) wird. Dann, noch heiß, gießt man das Ganze durch ein feines Leintuch, füllt es sofort in kleine Glasgefäße und verschließt diese, solange der Inhalt heiß ist.

Wenn Sie wollen, daß diese Salbe ein wenig rot gefärbt ist, nehmen sie zwei oder drei Wurzeln der Ochsenzunge (Radix bistortae) und erhitzen Sie das Ganze noch einmal damit. Das ergibt dann eine wunderbare Creme für sehr bleiche, farblose Haut.

Wenn Sie Ihre Creme zur höchsten Vollendung bringen wollen, wie Sie noch keine bisher vorfanden, dann wählen Sie die Zeit der Rosenblüte zu ihrer Herstellung.

Pflücken Sie drei- bis vierhundert weiße Rosenblütenblätter. Zerstampfen Sie diese zusammen mit der beschriebenen Creme in einem Mörser aus Stein. Lassen Sie das dann vierundzwanzig Stunden oder sogar achtundvierzig Stunden stehen. Dann nehmen Sie rote Rosenblätter, wieder etwa das gleiche Quantum. Sie werden ebenfalls mit der Creme zerstampft und gut vermischt, die Mischung in ein Gefäß gegeben, das sich gut verschließen läßt (etwa ein Sterilisierglas). Man stellt es in ein Wasserbad, das drei Stunden kochen soll.

Danach nimmt man es heraus und läßt den Inhalt durch ein Leintuch in ein Gefäß rinnen. Fertig. Sie können sicher sein, daß Sie nun die vorzüglichste Creme besitzen, die Sie sich vorstellen können. Sie hat einen unvergleichlichen Duft und unerreichte Wirkkraft.

Sollten Sie im Gesicht oder auf den Handrücken oder irgendwo am Körper Flecken oder Fehler oder Pickel finden, dann streichen Sie einfach ein wenig von der Salbe darauf. Der Fehler wird umgehend verschwunden sein, ohne daß Ihnen auch nur der geringste Schaden erwächst.

Aber: Benützen Sie diese Creme sehr sparsam und nicht regelmäßig, denn sie macht die Haut eher braun als weiß. Das kommt vom Fett.

Um die Wahrheit zu sagen – fettige Mittel machen die Haut nicht gerade schön, aber sie halten gesund und frisch, speziell im Winter.

Die ältere Frau, die diese Creme zur Pflege ihrer runzligen, trockenen Haut benutzt, wird wieder jünger aussehen. Die junge Frau kann damit ihre Schönheit erhalten und den frischen, natürlichen Teint.

Auch nach dem Bad sollte diese Creme benützt werden und vor dem Schlafengehen.

So wie diese Salbe gemacht ist, wird sie niemals ranzig, wie alt sie auch sein mag.«

Es dürfte nicht jedermanns Sache sein, sich an ein solches Rezept heranzuwagen. Doch wer sich gern mit so etwas befaßt und eine gewisse Erfahrung mitbringt, findet hier bestimmt mehr als interessante Anregungen. Und er weiß schließlich, was er auf seine Haut aufgetragen hat. Nichts Künstliches. Nichts, was schaden könnte.

IHRE SEIFE FÜR ZARTE HÄNDE

Deshalb sei noch eine der typischen Seifen des Michel Nostradamus beschrieben, eine Seife, die für zarte Hände sorgt, wie der Arzt des sechzehnten Jahrhunderts versichert:

»Man nimmt Eibischwurzeln und schält sie, ohne sie zuvor gewaschen zu haben. Diese Wurzeln läßt man an einem schattigen Platz trocknen.

Die trockenen Wurzeln werden (wie Meerrettich) zu einem feinen Pulver zerrieben – so fein wie nur möglich. Von dem Pulver benötigt man etwa 120 Gramm.

Dazu:
30 Gramm Gerstenmehl
30 Gramm feines Weizenmehl
20 Gramm Piniennüsse
60 Gramm geschälte Mandeln
40 Gramm Orangenkerne, ebenfalls gut geschält
120 Gramm Mandelöl
10 Gramm Moschus.

Die festen Bestandteile werden zu einem feinen Pulver verarbeitet, so daß auch kein Körnchen mehr zu spüren ist. Zu jedem Gramm dieses Pulvers gibt man ein halbes Gramm Pulver der Iris florentina hinzu.

Dann nimmt man ein anderes halbes Pfund Eibischwurzeln und weicht sie in gutem Rosenwasser ein. Das läßt man über Nacht stehen.

Am nächsten Morgen preßt man die Wurzeln kräftig aus. Das ausgepreßte Wasser und den Extrakt aus den Wurzeln gibt man mit dem Moschus auf das zuvor zubereitete Pulver, so daß ein richtiger Teig entsteht. Aus ihm werden kleine Bällchen geformt, die man schließlich trocknen läßt.

Wenn Sie diese Seife gebrauchen wollen, nehmen Sie eines der Stückchen in die Hand und lassen Wasser darüber fließen. Danach verreiben Sie die Seife auf und zwischen den Händen.

Sie werden sehen, daß die Haut zart und hell wird, wie das mit einer gewöhnlichen Seife nicht zu erreichen ist. Denn jene macht die Hände bei der Reinigung hart und trocken, weil sie ätzende Bestandteile enthält. Selbst wenn sie mit Olivenöl zubereitet ist, verleiht sie den Händen große Rauheit. Die Zusammensetzung meiner Seife ist sanft und lieblich, weil nur lindernde Stoffe verwendet werden. Mögen die Hände noch so knochig und gewöhnlich geworden sein – nach zwei, drei Anwendungen werden sie zart und fein wie die eines zehnjährigen Mädchens...«

Ein Werbetexter hätte die ›Ware‹ nicht geschickter anpreisen können. Michel Nostradamus verstand es schon, die Vorzüge seiner Rezepte herauszustreichen.

Doch das konnte er auch mit gutem Recht tun. Zu seiner Zeit bestanden die Seifen größtenteils aus Fett, Sand, Kalk und Asche. Demgegenüber mußte die ›Kräuterseife‹ geradezu Balsam gewesen sein.

Doch auch heute scheint die Seife des Nostradamus, die keine scharfen Laugen und Salze enthält, keineswegs überholt zu sein. Vor allem bei empfindlicher Haut oder bei beginnender Alterung der Haut auf den Handrücken vermag sie mehr noch ein Heilmittel als ein Pflegemittel zu sein.

KIRSCHELIXIER FÜR DIE HAUT – HEIDELBEEREN FÜR DIE AUGEN

Neben solchen Spezialrezepten hat Nostradamus natürlich auch in diesem Fall wiederum eine Fülle von Ratschlägen und Tips anzubieten, die es wert sind, aus der Vergessenheit geholt zu werden.

Dazu gehört der Rat:

»Wer eine schöne Haut besitzen und sie bewahren möchte, der soll jeden Morgen vor dem Frühstück einen Löffel Kirschelixier nehmen...«

Damit ist nicht das Kirschwasser, also der gebrannte Kirschschnaps gemeint, sondern ein uraltes Volksmittel, das mancherorts auch heute noch gebräuchlich ist: Ritzt man die Rinde des Kirschbaums an, dann sammelt sich an dieser Stelle rasch ein würzig duftender Harz. Diesen gibt man in guten Wein oder echten Weinessig, in dem er sich auflöst.

Seit alters her hat man dieses Kirschelixier als Hautheilmittel verwendet, indem man entzündete oder häßliche oder räudige Haut darin badete.

Und zwei andere höchst einfache Empfehlungen:

»Wer seinen Augen einen strahlend schönen Glanz verleihen möchte, der sollte sooft wie nur möglich Heidelbeeren essen. Außerdem tut es den Augen sehr gut, wenn man abends, vor dem Einschlafen, ein paar Minuten lang Umschläge mit Rosenwasser macht.

Es genügt, eine Handvoll Rosenblüten in eine Tasse zu werfen und mit kochendem Wasser zu überbrühen. Wenn der Aufguß sich etwas abgekühlt hat, so daß man sich damit nicht mehr verbrühen kann, tunkt man ein frisches weißes Tuch hinein. Das legt man über die geschlossenen Augen.

Solche Kompressen sollten von Zeit zu Zeit und jeweils an vier Abenden hintereinander vorgenommen werden...«

Wenn vom ›Rosenwasser‹ die Rede ist, dann meint Nostradamus gewöhnlich das Rosenöl, das aus ausgepreßten Rosenblättern gewonnen, nur tropfenweise in Wein gegeben und noch einmal mit Wasser verdünnt wird. Es war, neben dem Rosenblütentee, in früheren Zeiten das wohl beliebteste Herz- und Nervenstärkungsmittel überhaupt. Man spülte damit den Mund bei Zahnschmerzen oder Schleimhautentzündungen. Die Frauen verwendeten das Rosenwasser bei Unterleibsleiden.

Hier erwähnt Nostradamus ausdrücklich, daß bei den Umschlägen auf die Augen das eine wie das andere genommen werden kann, weil der Rosenblütentee über dieselben heilenden und beruhigenden Substanzen verfügt wie das Rosenwasser.

FENCHEL UND KAROTTEN

Oder ein Teerezept für schöne Augen:
> »Wenn Ihre Augen müde, überanstrengt oder entzündet sind, dann pflanzen Sie Fenchel. Pflücken Sie jeden Morgen einen kleinen Zweig, übergießen Sei ihn mit kochendem Wasser und trinken Sie diesen Tee als zweites Frühstück gegen neun Uhr...«

Der Fenchel als Augen-, Heil- und Stärkungsmittel ist in unseren Tagen immer noch umstritten, so sehr er sich als Medizin bei Magen- und Verdauungsstörungen auch durchgesetzt hat. Jedoch die alten Chinesen behaupteten schon: »Fenchel macht den Blick klar.« Und ausgehend von Rezepten wie diesem und dank der positiven Erfahrungen in vielen Jahrhunderten gibt es auch heute Augentropfen, in denen die Wirkstoffe des Fenchels enthalten sind.

Fenchel beschleunigt die Heilungsprozesse. Und er ist so gut verträglich, daß man ihn schon Säuglingen, nicht selten als erste Nahrung überhaupt, geben kann. Ältere Menschen sollten Fenchel immer im Haus haben. Bei dessen Anwendung als Augenmittel macht sich vor allem seine durchblutungsfördernde und anregende Kraft bemerkbar.

Auch der Segen der gelben Rübe für die Augen war Nostradamus schon bekannt. Es wird erzählt, daß das »Verspeisen roher Karotten« am Hof der Königin Katharina von Medici geradezu zur Sucht geworden ist.

Nostradamus empfahl die gelbe Rübe als Augenstärkungsmittel, fein aufgeschnitten in Dickmilch oder Buttermilch.

Der ›schlafende Prophet‹ Edgar Cayce sagte einmal, als er nach einem Heilmittel für die Augen gefragt wurde:
> »Essen Sie Karotten. Aber wenn Sie diese zubereiten, dann verwenden Sie vorwiegend jene Teile, die sich direkt unterhalb des Stengels befinden. Sie erscheinen vielleicht härter und weniger zart, aber sie enthalten vor allem die lebenswichtigen Kräfte, die zwischen den Nieren und den Augen die optische Aufnahmefähigkeit anregen.«

Man weiß heute, daß es sich bei diesen ›Kräften‹ hauptsächlich um das Karotin handelt, eine Vorstufe von Vitamin A. Wenn es fehlt, stellt sich vor allem die Nachtblindheit ein – und man neigt verstärkt zu Nierensteinen. Es gibt also durchaus einen Zusammenhang zwischen guten Augen und gesunden Nieren, wie es Edgar Cayce in Trance gesehen hat.

DAS KRÄUTERSCHÖNHEITSBAD

Doch weiter zum ›Schönheitsmittel par excellence‹ aus dem sechzehnten Jahrhundert:

»Bringen Sie in einem möglichst großen Kochtopf Wasser zum Kochen. Werfen Sie in dieses Wasser:

3 Handvoll Minzeblätter
2 Handvoll Blüten der Sojabohnen
1 Handvoll Blüten und Blätter der Malve
15 Tropfen Rosenöl

Diesen Aufguß schütten Sie in Ihre Badewanne. Bleiben Sie bis zu einer Stunde in diesem Bad, aber legen Sie sich nicht einfach ruhig in das Wasser, sondern massieren Sie kräftig – vielleicht mit einer Bürste oder einem Waschlappen – die Haut, vor allem die der Beine.

Das Bad sollte während vier, fünf Wochen an jedem vierten Tag stattfinden – und zwar abends vor dem Schlafengehen. Sie werden sich danach wie verjüngt vorkommen...«

Medikamente müssen nicht immer geschluckt oder gespritzt werden. In früheren Zeiten hat man sie viel häufiger als heute durch die Haut aufgenommen – speziell im Heilbad. Das hat nämlich den großen Vorteil, daß die Wirkstoffe nicht durch Magen und Darm wandern müssen, um dort möglicherweise verändert oder gar wirkungslos zu werden.

Von der krampflösenden, entspannenden Wirkung der Minze war schon die Rede.

Die Sojabohne, seinerzeit unter der Bezeichnung Glycinie vor allem in Ländern mit Welthandel, in Holland und im Mittelmeer, bekannt, läßt darauf schließen, das dieses Baderezept ursprünglich aus China stammt. Denn dort, in der Mongolei, ist die Sojabohne ursprünglich zu Hause. In unserer Heimat nannte man sie früher ›Haberlandsbohnen‹ nach einem Wiener Biologen, der sich sehr intensiv um den Anbau der Sojabohne bemühte.

Die Sojabohne enthält vor allem das wichtige B_6, das der Körper zum Aufbau des Blutes und zur Funktion des Stoffwechsels benötigt. Ohne B_6 fühlt man sich unwohl, leidet an Blutarmut, an Schwindelgefühlen und Erbrechen. Daneben liefert die Pflanze aber auch das Lecithin, einen wichtigen Nerven- und Zellbaustein.

Die Malve, auch Käspappel genannt, war ebenfalls vor fünftausend Jahren schon als Heilpflanze in China bekannt und wurde als Hautreinigungsmittel und Reizlinderungsmittel verwendet. Malventee hilft gegen Husten und Heiserkeit. Ein Bad mit Malvenzusatz macht eine wunderschöne, weiche Haut.

DAS BAD FÜR SCHÖNE HÄNDE

Ganz ähnlich ist deshalb ein einfaches Rezept gegen spröde Hände:

»*Geben Sie in eine Schüssel einen Eßlöffel voll: Eisenkraut, Malve und Rosenblätter. Überbrühen Sie diese Kräuter mit kochendem Wasser, und warten Sie ab, bis dieser Aufguß lauwarm geworden ist. Dann baden Sie die Hände darin – wenigstens zwanzig Minuten lang. Wiederholen Sie dieses Handbad zehn Tage lang an jedem Abend vor dem Schlafengehen...*«

Das Eisenkraut oder auch der Eisenhut ist ein muskelstraffendes Mittel, einmal mehr ein Heilkraut, das Karl der Große anpflanzen ließ und das die heilige Hildegard von Bingen immer wieder empfahl. Es fördert die Durchblutung der Haut und beseitigt Falten.

DER ›JUGENDTEE‹ FÜR REIFE FRAUEN

Und schließlich noch das Rezept des ›Jugendtees‹, vor allem Frauen kurz vor und während der Wechseljahre gegen ein vorzeitiges Erschlaffen der Haut empfohlen:

»In frischen Bienenhonig stecken Sie jeweils ein Blatt oder einen Zweig von Rosmarin, Salbei, Raute und Brunnenkresse. Diesen Honig lassen Sie drei Monate lang verschlossen stehen. Erst dann nehmen Sie einen Teelöffel davon und überbrühen ihn in einer Tasse mit kochendem Wasser. Dieses Honigwasser sollten Sie vor allem in den kalten Jahreszeiten regelmäßig trinken...«

Honig ist nachgewiesenermaßen nicht nur eine Kraftnahrung, die den Zucker in besonders bekömmlicher Form darbietet. Er enthält daneben Stoffe, die sanft antibakteriell wirken, weshalb man speziell in Grippezeiten täglich ein wenig Honig langsam im Mund zergehen lassen sollte.

Rosmarin, im alten Griechenland der Liebesgöttin Aphrodite gewidmet, ist ein Nerven- und Herzstärker. Im Mittelalter kannte man Hunderte von Rosmarinrezepten. Die Blütenstengel legte man schon den neugeborenen Kindern in die Wiege, und auch die Bräute schmückten sich ebenfalls mit Rosmarin.

Salbei wirkt lindernd auf die Organe in der Brust und reguliert die Schweißabsonderung. Wer zuviel schwitzt, kann das Übel ebenso heilen wie jener, der zuwenig Schweiß absondert. Deshalb ist Salbei das Mittel schlechthin für Frauen in den Wechseljahren. Es gibt für den Salbei ebenfalls einige hundert Anwendungsmöglichkeiten.

Die Raute ist ein sanftes und unproblematisches Beruhigungsmittel, das sich besonders bei Unterleibsleiden immer wieder bewährt.

Die Heilkraft der Brunnenkresse ist schon dargestellt worden. Dieses Rezept des Jugendtees ist aber wiederum ein Beispiel dafür, wie die Natur gezielt eingesetzt werden kann: Winzige Spuren eines Heilmittels sind oft am wirksamsten.

Es ist meistens gar nicht nötig, daß bittere Teesorten literweise getrunken oder Pflanzen in riesigen Mengen verzehrt werden. Der Honig, in dem lang genug ein paar kleine Zweiglein steckten, hat sich alles angeeignet, was nötig ist.

VON LIEBESZAUBER UND POTENZMITTELN

Doch wenn es um Jugend und Schönheit geht, ist man nicht mehr weit vom Liebeszaubertrank entfernt, von Liebeselixieren und Mitteln zur Stärkung des Liebesverlangens und der sexuellen Kraft. Michel Nostradamus hat sich mit diesem Thema sehr eingehend befaßt – nicht, indem er Säfte braute, die einen edlen Tristan gegen seinen Willen in die schöne Isolde verliebt machten, sondern indem er Rezepte zusammenstellte, die Impotenz und Gefühlskälte, also körperliche und seelische Störungen beseitigen. Und zwar auf höchst unkomplizierte, fast schon verblüffend einfache Weise.

Im Jahr 1552 schrieb der Arzt ein kleines Büchlein, in dem er die Herstellung von leckeren Konfitüren darlegt. Auf den ersten Blick ein simpler Versuch, die Früchte des Gartens unverdorben und unverfälscht über die Zeit zu retten. Man glaubt, ein paar interessante Kochrezepte vor sich zu haben. Doch gleich zu Beginn betont Nostradamus, daß nicht immer das rohe Obst das beste ist, sondern daß viele Substanzen von Äpfeln, Kirschen und Orangen erst richtig zur Entfaltung kommen, wenn diese auf rechte Weise zu Konfitüren verarbeitet sind.

So enthält die Abhandlung über die ›Art und Weise, alle Sorten von Konfitüren herzustellen, sei es mit Zucker, mit

Honig oder mit gekochtem Traubensaft‹ Heilrezepte zur Stärkung nach Krankheiten, zur Förderung aller denkbaren Körperfunktionen, zur Festigung der Liebeskraft.

KONFITÜRE AUS INGWER

Eines dieser Rezepte ist jungen Frauen gewidmet, die »wegen Unterkühlung der Gebärmutter nicht empfangen können, vor allem weil der Magen zu kalt ist und diese Kälte ausstrahlt. Und älteren Menschen, die übermüdet sind. Mehr noch nützt es Männern, die ihren natürlichen Pflichten nicht mehr nachkommen können.«

Hier das Rezept:
»So macht man die Konfitüren aus grünem Ingwer, der zwar grüner Ingwer heißt, aber in Wirklichkeit der Ingwer aus Mekka ist, wo Mohammed begraben liegt:

Nehmen Sie den weißen Ingwer, denn er ist besser. Weichen Sie ihn in warmes Wasser ein, und erneuern Sie dieses Wasser drei Tage lang immer wieder.

Dann nehmen Sie von diesem Einweichwasser, und kochen Sie den Ingwer darin. Benützen Sie zuerst nur wenig Wasser, schütten Sie es weg und verwenden Sie neues.

Sie merken bald, wenn Sie den Ingwer angreifen, wie er sich verändert. Kosten Sie auch von Zeit zu Zeit, um festzustellen, ob er seine Schärfe verliert. Wenn er nämlich nicht ständig aufgekocht wird, verliert er sie nicht.

Nun, wenn der Ingwer lange genug im Einweichwasser gekocht hat, das ihm die Schärfe entzieht, nehmen Sie den Ingwer heraus, und legen Sie ihn in klares Wasser. Waschen Sie ihn darin, ohne ihn zu zerquetschen.

Wenn der Ingwer so drei oder vier Tage lang erneut eingeweicht war, wobei Sie wieder täglich das Wasser erneuert und das alte weggeschüttet haben, lassen Sie den Ingwer in klarem Wasser mit ein wenig Honig kochen. Sehen Sie zu, daß er ein wenig weich, aber nicht zu weich wird. Schütten Sie das Kochwasser wieder weg, und kosten Sie, ob der Ingwer nicht mehr scharf schmeckt. Falls Sie glauben, daß er noch nicht soweit ist, lassen Sie ihn ruhig noch einmal kochen, bis er wirklich lieblich geworden ist. Dann erst nehmen Sie ihn vom Feuer, legen ihn auf ein weißes Tuch und trocknen ihn damit ab.

Wenn er ganz trocken ist, legen Sie ihn in eine Porzellanschüssel. Sodann nehmen Sie Honig, denn er muß in Honig, nicht in Zucker konserviert werden, und zwar so viel, wie Sie für richtig halten. Schütten Sie ihn in eine Pfanne, lassen Sie ihn kurz, zwei-, dreimal aufkochen. Dann nehmen Sie ihn vom Feuer und lassen ihn kalt werden. Wenn er kalt geworden ist, entfernen Sie den Schaum mit einem Schaumlöffel.

Sobald der Honigschaum abgeschöpft ist, gießen Sie den Honig über den Ingwer in der Porzellanschüssel. Er sollte ganz mit Honig bedeckt sein.

Das lassen Sie wieder zwei oder drei Tage stehen. Sollten Sie am Ende des dritten Tages den Eindruck haben, daß der Honig verkocht und zu wäßrig ist, dann gießen Sie ihn ab, geben Sie ihn in etwas frisches Wasser, und kochen Sie den Ingwer kurz noch einmal darin auf. Dann geben Sie die Konfitüre in ein geschlossenes Gefäß...«

Es stimmt tatsächlich: Ingwer wärmt nicht nur den Magen, sondern den ganzen Bauch. Er kann ein richtiges Hitzegefühl hervorrufen. Dr. Jakob Tabernaemontanus (1530–1590), der Leibarzt des Pfalzgrafen Johann Kasimir von Heidelberg, schrieb in seinem über fünfzehnhundert Seiten starken, großbändigen Heilpflanzenbuch: »Das Pfefferkraut, schärfer als Pfeffer, erwärmt den Magen, treibt den Harn und vertreibt den Weibsbildern ihre Krankheit. Etliche Hebammen legen die Wurzel der schwangeren und gebärenden Frau in das, was sie zu trinken bekommt...« Mit anderen Worten – Bauch und Unterleib werden geradezu schlagartig besser durchblutet, und damit sind alle betroffenen Organe angekurbelt.

Nicht zuletzt die Geschlechtsorgane. Ein Arzt vom Tegernsee hat Ende der siebziger Jahre erst herausgefunden, daß manche Impotenzfälle, vielleicht sind es sogar sehr viel mehr, als gemeinhin angenommen wird, nicht etwa durch psychische Belastungen zustande kommen, sondern durch Durchblutungsstörungen in den Baucharterien. Dieser Arzt hat seine Patienten mit durchblutungsfördernden Mitteln behandelt und große Erfolge erzielt.

Nostradamus erreichte dasselbe mit einem ganz natürlichen Mittel – mit Ingwerkonfitüre.

INGWER ALS GEWÜRZ

Das Ingwerrezept fand bei Nostradamus noch eine besonders hübsche Abwandlung – Ingwer als Gewürz:

»So kann man aus dem Ingwerwasser ein wunderbares Gewürz machen:

Nehmen Sie Ingwer, bringen Sie ihn in klarem Wasser zum Kochen, bis er weich geworden ist. Sehen Sie aber zu, daß Sie genügend Wasser aufstellen, damit es nicht zu schnell verkocht ist und möglichst viele Ingwerwirkstoffe aufnehmen kann. Wenn Sie beim Kosten des Wassers feststellen, daß es stark genug geworden ist, nehmen Sie den Ingwer heraus und stellen das Wasser zur Seite.

Dann lassen Sie den Ingwer in einem großen Topf, gefüllt mit Wasser, erneut kochen, wie beim erstenmal. Sobald Sie feststellen, daß er nun ganz weich gekocht ist, nehmen Sie den Ingwer wiederum aus dem Wasser und pressen ihn kräftig aus, ohne daß er dabei zerbrochen wird.

Wenn Sie den ganzen Saft herausgepreßt haben, wenn Kraft und Schärfe des Ingwers sich also im Absud befinden, lassen Sie diesen in einem Topf so lange kochen, bis fast alle Flüssigkeit verdampft ist. Den Rest schütten Sie in ein Porzellangefäß. Wenn Sie davon kosten, werden Sie feststellen, daß diese Essenz alle Kraft und Wirksamkeit des Ingwers besitzt. Sie können noch etwas Zimt beifügen, das gibt ihm eine interessante Note, die nicht zu verachten ist.

Ich wollte dieses Rezept nicht weglassen. Ich habe diese Ingweressenz für einen Krämer im Ort hergestellt, der damit ein gutes Geschäft gemacht hat, als handle es sich um ein nagelneues Gewürz...«

In einer Erklärung zu diesem Rezept, in Frankreich in jüngster Zeit verfaßt, heißt es, es wäre nicht nötig, den Topf mit dem ersten Ingwerabsud wegzuschütten, sondern man könnte getrost die beiden Töpfe zusammenschütten und die Flüssigkeit auf etwa ein Drittel einkochen. Die gewonnene Essenz sollte dann in eine Flasche gefüllt und im Kühlschrank aufbewahrt werden: Gießt man einen Teelöffel davon über das fast fertig gebratene Hähnchen oder über den knusprigen Schweinebraten, werden diese Speisen besonders pikant. Auch kann man einen Teelöffel davon in den Essig geben, um ihn so zu verbessern. In jedem Fall bleibt die gewünschte ›erwärmende Wirkung‹ erhalten. Das Wort von der ›Gefühlskälte‹ kommt gar nicht so von ungefähr.

DAS WAHRHAFTE UND EIGENTLICHE ›GELÉE ROYALE‹

Ebenfalls ein vorzügliches Mittel zur Stärkung der Liebeskraft und des sexuellen Empfindens ist nach Michel Nostradamus das Quittengelée. Er hat aufgeschrieben, wie es richtig zubereitet wird, damit alle Kräfte ungeschmälert erhalten bleiben und der Geschmack unübertroffen ist, »so daß man ihn selbst Fürsten und Königen anbieten kann«. Nostradamus sagt dazu: »Ich versichere und wende mich dabei an die, welche etwas davon verstehen: So wurde das Quittengelée für den seligen König Franz I. hergestellt und für den Kardinal von Clermont. Nach allgemeinem Urteil gab es niemals ein ähnlich gutes. Es wurde auch dem Großmeister von Rhodos zum Geschenk gemacht, als er im Jahr 1526 auf dem Weg von Rhodos durch Avignon kam. Man darf nur an nichts sparen und muß mit allem (nicht zuletzt mit der verwendeten Zeit) geradezu verschwenderisch umgehen:

Man nimmt zwölf bis vierzehn schöne Quitten. Sie werden sorgfältig geschält und in acht oder zehn Stücke zerteilt. Die Kerne entfernt man.

Dann kocht man die Quitten in reichlich Wasser. Wenn sie fast weichgekocht sind, gibt man etwa drei Pfund Zukker hinzu und läßt sie weiterkochen. Sobald sie dann so zerkocht sind, daß sie völlig zerfallen und einen Brei bilden, schütten Sie das Ganze durch ein reines Tuch, ohne daß die Quittenmaische ausgepreßt würde. (Wenn man einen Hocker umdreht, das Tuch an den Fußenden festbindet und eine Schüssel darunterstellt, geht es am einfachsten.) Der Saft, der sich in der Schüssel sammelt, wird wieder aufs Feuer gestellt und bei kleiner Flamme gekocht.

Wenn Sie sehen, daß Ihr Gelée gut eingekocht ist, machen Sie die Probe, ob es auch wirklich schon fertig ist. Geben Sie einen Tropfen auf einen Teller, und beobachten Sie, ob er schön steif wird, wie eine Perle.

Ist es soweit, dann nehmen Sie das Gelée vom Feuer, nachdem Sie es noch einmal kurz, aber kräftig aufkochen ließen. Wenn man das versäumt, kann es passieren, daß das Gelée nach einiger Zeit zerfließt. Füllen Sie Gläser ab.

Manche geben auch die Kerne der Quitten mit diesen in den Topf. Aber das ist nicht nötig. Das Fruchtfleisch besitzt dieselben Qualitäten wie die Kerne. Andere färben das Gelée mit rotem Sandelholz oder mit Rotholz oder Rosenwasser. Das ist unsinnig und überflüssig. Das Gelée wird ohnedies rot wie ein scharlachroter Wein oder wie ein feuriger Rubin. Fügt man dagegen diese oder jene Farbzusätze bei, dann wird das Gelée mit der Zeit schwarz. Deshalb lassen sich nur unerfahrene Leute dazu verleiten, so etwas zu tun.

Wollen Sie ein perfektes Gelée zubereiten, dann verwenden Sie nichts anderes als Zucker und Quitten. Dann wird es von unvergleichlicher Delikatesse, und es vermag alle anderen Konfitüren der Welt zu übertreffen...«

Die Quitte, ursprünglich in Persien beheimatet, kam schon früh vor unserer Zeitrechnung nach Griechenland und Rom und wurde als ›Venusapfel‹ der Göttin der Liebe geweiht. Man gebrauchte sie, wohl ihres köstlichen Duftes wegen, als Liebesgeschenk. Noch heute schenkt man in manchen Gegenden Kleinasiens dem Bräutigam am Hochzeitstag eine Quitte. Wenn sie im Garten gut gedieh, sahen die Römer darin ein Symbol des Glückes, der Liebe und der Fruchtbarkeit.

Sehr früh schon müssen die Menschen herausgefunden haben, daß Quitten eine regelnde Wirkung nicht nur auf den Magen und die Gedärme, sondern auch auf den Unterleib ausüben.

Quitten, gebraten und zu Ölen und Essenzen verarbeitet, waren, auch noch im Mittelalter, ein beliebtes Mittel, die Monatsblutung in den rechten Rhythmus zu bringen. Im Übermaß eingenommen, wurden damit auch ungewollte Schwangerschaften abgebrochen. Ein unschätzbarer Vorzug der Quitte speziell für Frauen ist ihr hoher Anteil an Eisen und ihre straffende Wirkung, die sich bei zu niedrigem Blutdruck als blutdrucksteigernd auswirkt.

Michel Nostradamus sagte über die Quitte, speziell über das Quittengelée: »Es erfüllt gleichzeitig zwei Zwecke. Es stärkt nach medizinischem Wissen die Lebenskraft, und es schmeckt köstlich, zu jeder Stunde.«

Womit er nun auch die Sinneswahrnehmung des Schmeckens in seine Heilweisen miteinbezogen hat. Wie der Wohlduft die Harmonie der Kräfte herstellt, so stärkt nach seiner Meinung die köstlich schmeckende Speise die Vitalität:

»Wenn ein Essen nicht schmeckt, schenkt es auch keine Kraft.«

Doch Vorsicht mit Süßigkeiten anderer Art! Nostradamus warnt vor Zuckerwaren:

»Das Süße schwächt die Liebeskraft.«

Wobei er diesmal speziell an die Männer gedacht haben mag. Man weiß heute, daß zuviel Zucker im Blut zur Impotenz führen kann. Diabetiker, die ihren Zuckergehalt nicht mehr ausreichend regulieren können, weil das Insulin fehlt, haben häufig mit Potenzproblemen zu tun, solange sie ihre Krankheit nicht behandeln lassen.

Für sie wäre das Quittengelée nicht das rechte potenzsteigernde Mittel.

DAS ›ROSENLIEBESELIXIER‹

Doch Nostradamus hat noch andere Rezepte »zur Auffrischung der verlorenen Kräfte« anzubieten.

Etwa das ›Rosenliebeselixier‹:
»Nehmen Sie vierhundert bis fünfhundert Blütenblätter von roten Rosen. Zerstampfen Sie diese gründlich in einem Steinmörser, und schütten Sie dann einen Topf kochendes Wasser darüber. Stellen Sie den Topf aufs Feuer, und lassen Sie das Wasser mit den Rosenblüten einige Minuten lang kochen. Nehmen Sie ihn dann vom Feuer, rühren Sie gut um, und lassen Sie den Topf vierundzwanzig Stunden lang zugedeckt stehen.

Danach bringen Sie das Rosenwasser erneut zum Aufkochen, schütten es durch ein Sieb und pressen die Rosenblüten aus. Sie erhalten ein wohlduftendes Wasser von rubinroter Färbung.

Nun beginnt das Ganze von vorn: Sie nehmen noch einmal zweihundert bis dreihundert Rosenblätter, zerstampfen sie und schütten den bereits erhaltenen Absud darüber. Das wird wieder gekocht und, wie zuvor, abgeseiht. Den Saft, den man noch etwas eindicken kann, versetzen Sie mit ein wenig Honig, um den Geschmack zu verbessern.«

DIE KRAFTSPEISE – EIMIXTUR

Oder ein noch kräftigeres Mittel, das »selbst dem müdesten Mann auf die Beine hilft« – die Eimixtur:

»Schlagen Sie in einen Eßteller ein Eigelb. Streuen Sie einen Teelöffel Zucker darüber, zwölf frisch zerstoßene Weizenkörner, ein paar Tropfen Rosenöl und Minzeöl und eine Messerspitze Zimt. Schlagen Sie das mit einer Gabel. Dann fügen Sie den Saft einer ganzen Traube hinzu. Lassen Sie den Teller aber wenigstens eine Stunde lang stehen, ehe Sie ihn verspeisen...«

Statt des Traubensaftes und des Weizenschrotes kann man auch Wein verwenden. Dann sieht das Rezept so aus:

»Man nimmt ein Eigelb, streut zwei Teelöffel Zucker darüber und schlägt es schaumig. Dann gießt man ein halbes Glas leichten, aber guten Wein darüber und läßt dies zwei, drei Minuten aufkochen, wobei man eine geschälte Mandel und eine Messerspitze Zimt beifügt.

Dieses Kraftelixier trinkt man erst, wenn es lauwarm geworden ist – und dann in kleinen Schlucken. Man darf beim Trinken nicht vergessen, den Duft einzuatmen...«

Zwei Dinge fallen bei solchen Rezepten immer wieder auf, und sie sollten heute wohl ganz besonders beachtet werden: Nostradamus weist mehrmals darauf hin, daß manche Säfte oder auch Pulver oder Kräutermischungen über Nacht, vierundzwanzig Stunden beziehungsweise drei bis vier Tage stehen müssen, ehe sie erneut aufgekocht, weiterbehandelt oder verspeist werden. Er gibt den Wirkstoffen der einzelnen Zutaten Zeit, miteinander in Kontakt zu kommen und sich chemisch zu verbinden oder zu verändern – und zwar, bevor sie gemeinsam in den Körper gelangt sind. Damit will er den Organismus vor unnötigen Belastungen und Verdauungsbeschwerden bewahren. Nicht immer, so sagt Nostradamus außerdem, ist das ganz Frische und Rohe auch das absolut Gesunde. Selbst manches Obst, wie etwa die Quitten oder auch Beeren, kann, so sagt er, seine wahre Kraft erst entfalten, wenn es gekocht oder gebraten oder auch nur eingeweicht wurde. Das gekochte Essen ist für ihn immer sanfter, harmonischer, verfeinert. Ein gebratener Apfel besitzt beispielsweise nicht mehr die unangenehme Eigenschaft des frischen Obstes, »den Bauch abzukühlen und Kälte bis in die Glieder zu verbreiten«, sondern »er macht die Stimme klar und den Darm sauber«. Womit Nostradamus sagen will, daß die reinigende Wirkung des Apfels noch deutlich erhöht wird, wenn man diesen kocht oder brät.

DAS GLÜCKSELIXIER AUS GURKENBLÜTEN

Ein Liebes- und Glückselixier, das schon beinahe an geheimnisvolle Hexenrezepte erinnert, wird aus Gurkenblüten und den Blüten von Heckenrosen zubereitet:

»Man pflückt an einem der drei ersten Tage des zunehmenden Mondes etwa fünf Handvoll Gurkenblüten und ebenso hundert Blütenblätter der Heckenrose. Dazu etwa fünfundzwanzig Lorbeerblätter.
 Sie werden gründlich zerstampft, in ganz wenig Wasser kurz aufgekocht und kräftig ausgepreßt.
 In diesen Saft gibt man zehn Tropfen Rosenwasser und fünf Tropfen frischgemolkene Pferdemilch.
 Man bewahrt dieses Elixier in einer Flasche mit dunklem Glas auf. Es wirkt aber nur dreiunddreißig Tage lang. Es genügen zwölf Tropfen davon in einem halben Glas Wasser, um alle Kräfte zu mobilisieren...«

Warum die Blüten bei zunehmendem Mond gepflückt werden müssen und nicht zu einer anderen Zeit, davon wird noch zu reden sein. Solche Hinweise, wie etwa der Rat, Rosenblätter sollten früh morgens bei Sonnenaufgang gepflückt werden oder die Flasche müßte aus dunklem Glas sein, haben nichts mit Zauberei zu tun, sondern gründen sich auf ein instinktives Wissen und auf große Erfahrung: Frühmorgens sind Rosenblätter tatsächlich am saftigsten. Und das dunkle Glas verhindert Veränderungen des Elixiers durch Lichteinflüsse.

Zahlen wie ›dreiunddreißig Tage‹ oder ›zwölf Tropfen‹ sind auf religiöse Überzeugung zurückzuführen: Dreiunddreißig Jahre hat Christus gelebt, und zwölf Apostel erwählte er als seine Schüler und Nachfolger. Die alten Ärzte haben solche Zahlen nicht aufgegriffen, weil sie, wie oft behauptet wird, an Zahlenmystik glaubten, sondern weil diese Zahlen seinerzeit jeder kannte und somit besser im Gedächtnis behalten konnte. Die meisten Rezepte wurden ja nicht aufgeschrieben, weil sie doch die wenigsten hätten lesen können, sondern mündlich weitergegeben. Es waren also ›Eselsbrücken‹ nötig.

So einfach ist tatsächlich vieles, was von modernen Menschen in gewisser Überheblichkeit als unsinniger Hokuspokus abgetan wird.

Andere Anweisungen zielen aber zweifellos auch auf suggestive Wirkung. Der Patient, der sich das Mittel zubereitet, braucht ein gewisses Ritual, damit er sich während der Zubereitung in die Überzeugung hineinsteigern kann: Das hilft. Dieser Glaube ist nicht die eigentliche Heilkraft – aber eine unbedingt notwendige Voraussetzung dafür, daß der Saft, der Tee, das Elixier überhaupt wirken kann.

SALBEI UND BOHNENKRAUT

Doch hier noch ein paar ganz einfache Rezepte, die jeder selbst problemlos ausprobieren kann – ganz ohne jeglichen Zauber. Teilweise sollen sie schon zur Zeit des Arztes Hippokrates als ›Liebeszauber‹ mit viel Geheimniskrämerei gehandelt worden sein:
»Frauen und Männer gleichermaßen hilft bei sexuellen Problemen:

Ein Teelöffel Salbei,
nicht ganz soviel Bohnenkraut und etwa
die Hälfte Minze wirft man in kochendes Wasser.
Man setze nicht mehr als ungefähr eine große Tasse
voll Wasser dazu auf.
Von diesem Tee trinkt man täglich eine Tasse,
vielleicht auch zwei...«

Damit taucht endlich auch das Bohnenkraut auf. Es hat nichts mit Bohnen zu tun, vielmehr handelt es sich um Herba satureja, das Bauernkräutlein oder auch Suppenkräutl, also jene kleine Pflanze, die man mancherorts als Gewürz beim Kochen in die Bohnen steckt, damit sie ihre blähende Wirkung verlieren.

Der römische Arzt Fernelius hat vom Bohnenkraut gesagt, es ziehe die »kalte Feuchtigkeit« aus dem Leib, vor allem den kalten Schleim, und es sei besonders gesund für Frauen, die eine »kalte Gebärmutter« besitzen. Phlegmatische Menschen sollten dieses Kraut besonders häufig benutzen, hitzige eher davon lassen.

Im Mittelalter dürfte das Bohnenkraut das beliebteste Aphrodisiakum gewesen sein.

Nostradamus hat diesen Tee vor allem Männern empfohlen, die sich sexuell müde fühlen und Probleme haben, ihren Pflichten nachzukommen. Als Variation benützte man seinerzeit denselben Absud auch als Infusion.

Nun drei Speisen, die an drei Tagen hintereinander gegessen werden sollen, um in »Hochform für die Liebe« zu kommen:
»Pute, gefüllt mit Trüffeln
Grütze
und Schafskäse.

Ein letztes ›Potenzmittel‹, das wiederum etwas mehr Zeit und Aufwand benötigt, das ›Rosenelixier‹:

»Man gibt fünf Handvoll Minze in eine Porzellanschüssel.

Getrennt davon kocht man fünfzig Blütenblätter von Rosen kurz auf.

Das Rosenwasser schüttet man noch heiß über die Minze, gibt etwas Honig hinzu und den Saft von einer oder zwei weißen Weintrauben.

Das läßt man erneut aufkochen – wiederum nur kurz, siebt es durch und läßt es fünf Tage lang stehen. Man trinkt davon täglich eine Tasse oder auch zwei. Das Elixier schmeckt blumiger, wenn die Rosen und die Minze bei zunehmendem Mond gepflückt werden. Pflückt man sie nämlich bei abnehmendem Mond, bekommt das Elixier einen leicht bitteren Geschmack und ist nicht so kräftig.«

6
Die Tür zu allen Krankheiten ist – die Angst

Die jungen Medizinstudenten aus Bordeaux kamen nicht als Patienten zu dem berühmten Arzt nach Salon-de-Provence. Die beiden befanden sich auf einer Studienreise nach Italien und wollten die Gelegenheit benützen, dem »Scharlatan und Schwarzmaler und Panikmacher« Michel Nostradamus gründlich die Leviten zu lesen. Entsprechend angriffslustig und erregt stürmten sie in sein Haus. François, ein großer, stämmiger Bursche voraus, Jacques, sein kleinerer, nervöser Studienkollege mit hochrotem Kopf, hinterdrein.

»Wir müssen Ihnen einmal sagen, was die ganze Welt von Ihnen hält«, fiel François mit der Tür ins Haus. »Mit Ihren Prophezeiungen haben Sie entsetzliches Unheil angerichtet. Die Leute können nicht mehr schlafen. Es gibt Bürger, die ihr Hab und Gut verkaufen und verprassen, weil sie glauben, ernste Anstrengungen und Pläne für die Zukunft lohnten sich sowieso nicht mehr. Wir haben sogar davon gehört, daß einige sich schon umgebracht haben, weil sie nicht warten wollen, bis die vorhergesagten Schrecken eintreffen. Können Sie soviel Unheil denn verantworten?«

Nostradamus bat die beiden in den Garten und setzte sich mit ihnen auf eine Bank im Schatten des Mandelbaumes.

»Also, meine Freunde«, begann er seine Verteidigung, »ihr seid der Meinung, es sei verantwortungslos, vielleicht sogar verbrecherisch, in die Zukunft zu blicken und laut zu verkünden, was uns erwartet? Warum? Unser Herr Jesus

Christus hat vor seinem Tod auch über die bevorstehende Zerstörung des Tempels von Jerusalem gesprochen und geschildert, wie die Welt eines Tages untergehen wird. Und immer wieder hat er sich auf die alten Propheten berufen und ihre Aussagen zitiert. Also kann das Prophezeien doch keine böse Sache sein für den, der diese Geistesgabe besitzt. Oder? Seht, ich weiß, daß ich noch rund ein Jahr zu leben habe. Jeder Mensch weiß, und zwar mit absoluter Sicherheit, daß sein Leben auf dieser Welt in einer Katastrophe enden wird, nämlich mit dem Tod. Ist das ein Grund, die Hände in den Schoß zu legen und zu jammern? Oder gar sich zu töten, weil ja eines Tages, früher oder später, doch alles mit dem Tod zu Ende sein wird? Oder sollen wir es machen wie die verrückten römischen Kaiser, die sich einreden wollten, sie wären unsterblich? Nein. Also, was werft ihr mir vor?«

»Sie haben unfaßbare Angst verbreitet. Vielleicht sind Sie selbst stark genug, die Wahrheit zu ertragen. Doch die meisten Menschen können das nicht. Sie wollen hoffen, Sie wollen sich freuen können auf das Schöne, das auf sie zukommt. Man darf sie doch nicht lähmen in ihrer Initiative, wie Sie das mit Ihren Schreckensvisionen gemacht haben«, ereiferte sich Jacques.

»Wenn die Menschen vor Angst verzagen, haben wir als Mediziner die Aufgabe, sie stark zu machen und der Angst den Kampf anzusagen. Sie allein ist der Unheilstifter, nicht der Prophet. Und sie kommt zuallererst aus der enttäuschten Hoffnung. Wer den Leuten vorgaukelt, das Leben sei problemlos und nur heiter, der ist schlimmer als ein Prophet. Als Ärzte werden Sie es erfahren – die Angst ist die Tür. Durch sie kommen alle Krankheiten. Sie schafft den Kriegen und Niederträchtigkeiten Zugang. Sie läßt Seuchen und Verblendungen herein. Es ist immer nur die Angst. Meine Prophezeiungen verbreiten keine Angst. Ich bin der Schreiber der Zukunftsgeschichte. Wer vernünftig ist, kann daraus lernen, den rechten Weg zu finden, als wäre er auf Spuren eines Menschen gestoßen, der schon vor ihm gegangen ist. Studieren Sie die Geschichte der großen alten Kulturen. Die alten

Völker haben uns Zeugnisse von Würde und innerer Ruhe hinterlassen. Die Nationen der Zukunft werden nichts anderes mehr überliefern als Spuren der Pest und des Todes, weil sie zu Sklaven ihrer Angst geworden sind.«

Die erregte Diskussion setzte sich fort bis spät in die Nacht hinein. Heftig prallten die Meinungen aufeinander. Nostradamus erklärte den beiden Studenten einige seiner Prophezeiungen und versprach: »Die Erde wird noch 2332 Jahre weiterbestehen«, aber mit jedem neuen Fortschritt würden die Waffen der Vernichtung schrecklicher. »Diese Entwicklung läßt sich nicht aufhalten. Die Menschen könnten nur dann vernünftig werden, würden sie die Angst voreinander und vor der Ungewißheit verlieren«, sagte Nostradamus immer wieder.

GURKENKRAUT GEGEN DIE ANGST

Uns hat der Arzt von Salon-de-Provence eine Reihe von Rezepten hinterlassen, die Angst und Trübsinn vertreiben sollen. Manche davon sind höchst einfach, doch deshalb nicht weniger interessant:

»Tee aus Blättern und Blüten des Gurkenkrautes geben das Lachen zurück...«

Mit dem Gurkenkraut sind nicht die Blätter der Gurkenpflanze gemeint, sondern der Boretsch, eine Heilpflanze, die ursprünglich aus Kleinasien stammte und von den Griechen und Römern bald als Salatgewürz benutzt wurde. Im Volksmund hieß die Pflanze bei uns (und an manchen Orten nennt man sie heute noch so) Herzfreud oder auch Liebäuglein, ein deutlicher Hinweis auf die stimmungsaufhellende Wirkung der Heilmittel, die daraus bereitet wurden.

Schon der römische Schriftsteller und Naturforscher Gajus Secundus Plinius (24–79 nach Christus) schrieb in seiner ›Naturgeschichte‹ über den Boretsch: »Diese Blume, in Wein gelegt und damit getrunken, erfreut Herz und Gemüt.«

Und Tabernaemontanus, der Leibarzt des Pfalzgrafen Johann Kasimir zu Heidelberg, ergänzt: »Kraut und Blumen bekommen wohl gegen die Traurigkeit.«

Der Boretsch selbst enthält nach neuesten Untersuchungen keine Drogen, die als Ursache für die aufheiternde Wirkung angesehen werden könnten. Doch man kann vermuten, daß sich diese Heilpflanze durch die glückliche Kombination ihrer Wirkstoffe günstig auf jene Zentren des Gehirns auswirkt, die körpereigene ›Muntermacher‹ herstellen. Jedenfalls kann dem Boretsch die erleichternde Wirkung nicht abgesprochen werden.

Ein anderes Rezept gegen Angst und Schwermut beschreibt Nostradamus ausführlich als

»Konfitüre aus den Wurzelschalen des Boretsch. Sie bewahrt davor, wassersüchtig zu werden, und macht froh und leicht, verjagt Depressionen, verjüngt, hält das Altern auf, bewirkt eine gesunde Gesichtsfarbe und dämpft die Aggressivität.

Nehmen Sie die Wurzeln des Gurkenkrautes, und zwar im Monat Dezember, wenn die Pflanze keine Blätter hat. Sobald sie nämlich Blätter hat, sind die Wurzeln wertlos, weil die ganze Kraft im Stengel und in den Blättern enthalten ist.

Verwenden Sie von den größeren Wurzeln nur die Rinde. Diese werden gründlich gereinigt, gewaschen, aber nicht abgekratzt. Zerschneiden und halbieren Sie die Stücke, und lassen Sie diese dann in ausreichend Wasser kochen.

Wenn sie gut gekocht sind, in der Art, wie man auch andere Konfitüren kocht, nehmen Sie die Wurzelstücke mit einem Schaumlöffel heraus, und legen Sie diese in eine große, tiefe Schüssel. Schütten Sie das Wasser, in dem sie gekocht wurden, aber nicht weg, denn ein Teil der Wirkkräfte ist in ihm zurückgeblieben. Nehmen Sie ausreichend Zucker, lassen Sie ihn im Absud zergehen und aufkochen, bis ein Sirup entstanden ist. Dieser muß dann zunächst abkühlen. Erst wenn er richtig kalt geworden ist, schütten Sie ihn über die Wurzeln und lassen diese vierundzwanzig Stunden lang zugedeckt stehen.

Nach den vierundzwanzig Stunden gießen Sie den Sirup wieder um und bringen ihn erneut zum Kochen – diesmal, bis er schaumig wird. Dann lassen Sie ihn wieder kalt werden und geben den kalten Sirup über die Wurzelstückchen. Diesmal bleibt die Schüssel drei oder vier Tage stehen.

Sollten Sie danach feststellen müssen, daß der Sirup noch einmal aufgekocht werden muß, dann tun Sie es. Aber kochen Sie die Wurzeln niemals mit, denn sie würden zäh wie Leder werden.

Wenn die Konfitüre fertig ist, füllen Sie diese in große, tiefe Töpfe. Man kann diese Konfitüre lange stehen lassen. Sie wird immer noch besser.«

Ziemlich viel, was da in einem Atemzug versprochen wird: Mittel gegen Wassersucht, Aufheiterung des Gemüts, Verjüngung, gesunde Gesichtsfarbe, Nervenberuhigung.

Aber das ist ja eben typisch für den Arzt Nostradamus – entweder ein Mittel hilft, dann bringt es nicht nur den Körper, sondern auch das seelische Befinden in harmonische Ordnung, oder es stört die körperlichen Funktionen und zieht damit auch Geist und Seele in Mitleidenschaft. Körperliche und seelische Beschwerden gehen Hand in Hand und lassen sich nicht voneinander trennen.

»Angst«, so sagte der ›schlafende Prophet‹ Edgar Cayce, »hindert den Körper daran, Gifte auszuscheiden... Dadurch entstehen Benommenheit im Kopf und eine belegte Zunge. Die schleimproduzierenden Gewebe der Bronchien arbeiten nicht mehr richtig. Alle Schleimhäute beginnen zu leiden und anfällig und krank zu werden... Angst ist das Schlimmste für einen Menschen und seine Umgebung. Denn an der Angst ›erstickt‹ der Organismus. Seine Lebenskraft wird zerstört.«

DAS REZEPT DER MUMIE

Edgar Cayce hatte am 12. Februar 1937 im Traum ein seltsames Erlebnis: Er sah sich bei den Pyramiden in Ägypten. Plötzlich entdeckte er einen Stein mit uralten Inschriften. Während er ihn noch betrachtete und recht verzweifelt darüber war, daß er ihn nicht entziffern konnte, erwachte eine Mumie zum Leben und half ihm, die rätselhaften Zeichen zu verstehen. Es handelte sich um ein Rezept gegen Angst und Trostlosigkeit.

Dieses Rezept ist inzwischen als ›Mumienspeise‹ bekannt geworden:
»Man nimmt zu gleichen Teilen getrocknete Feigen und entkernte Datteln. Sie werden fein zerkleinert und mit Wasser in einen Topf gebracht, so daß das Wasser sie nicht ganz bedeckt. Über die Datteln streut man einen oder zwei Eßlöffel Maismehl oder geschroteten Weizen. Das wird bei kleiner Flamme etwa eine Viertelstunde lang gekocht und währenddessen häufig umgerührt.«

Edgar Cayce sagte:
»Das ergibt ein fast geistiges Mahl für den Körper.«

Darüber gibt es heute keinen Zweifel mehr: Angst oder Zuversicht, Depressionen oder Glücksempfinden – das sind weithin keine Charakteranlagen, die man jederzeit kontrollieren könnte, indem man sich eben ein bißchen ›zusammenreißt‹. Allein solche seelische Gewaltanwendung kann schon wieder krank machen. Und es gibt auf unserer Welt genügend verklemmte und verkorkste Menschen, die das beweisen.

Vielmehr kann der kranke oder fehlgesteuerte Körper die Seele ebenso bedrücken und verformen, wie seelische Belastungen den Körper krank machen können. Manche Menschen werden im Alter launisch, mürrisch, unzugänglich – nicht weil sie das Leben verbittert hätte, sondern weil ihre

Blutgefäße im Gehirn so verkalkt sind, daß gewisse Bezirke nicht mehr ausreichend mit Blut versorgt werden.

Bestimmte Formen der Depressionen werden heute geheilt, indem man störende Stoffe aus dem Blut filtert oder, je nachdem, fehlende hinzugibt. Selbst Geisteskrankheiten und Neurosen dürften in Kürze auf diese Weise erfolgreich behandelt werden können. Die ersten Ansätze dazu sind bereits gegeben, so daß ganz plötzlich keine massiven und zerstörerischen Psychopharmaka mehr nötig sein werden, vielleicht nicht einmal mehr Irrenanstalten.

EIN BITTERER VORWURF AN ÄRZTE UND APOTHEKER

Damit aber beginnt man nach und nach auch, Heilweisen der Medizinmänner im afrikanischen Busch ebenso wie alte indianische Naturmethoden – und wie die Rezepte eines Michel Nostradamus in einem ganz neuen Licht zu sehen und zu begreifen.

Nostradamus fügt im Anschluß an eines seiner Rezepte ein paar Bemerkungen an, die das verdeutlichen. Er schreibt:

»Diese Komposition ist nicht für jedermann geeignet, wenngleich alle Menschen ja einen menschlichen Körper haben. Anwenden kann das Mittel nur, wer sich ernsthaft für ein langes Leben gesund erhalten möchte, für ein Leben, ausgestattet mit Leistungsfähigkeit und Freude.

Aber denkt daran: Vertraut nicht blind jedem Apotheker. Ich verspreche euch, daß auf einen von ihnen, der es gut und redlich meint, hundert, ja tausend andere kommen, die erbärmlich sind.

Die einen sind arm. Sie besitzen nichts, woraus sie etwas Rechtes machen könnten.

Die anderen sind reich, aber geizig und so verdorben, daß sie bei armen Kunden, die nicht bezahlen können, nur die Hälfte oder gar ein Drittel der geforderten Substanzen verwenden.

Die dritten wissen nicht Bescheid. Sie können nichts

oder wollen nichts können. Das ist ein schlimmer Fehler dieses Berufsstandes.

Die vierten sind schmutzig. Rotznasen. Was sie zubereiten, ist ungenügend. Ich behaupte nicht, daß sie nichts besitzen. Sie verfügen über alle Voraussetzungen, auch über Wissen und Gewissen. Aber sie sind nachlässig und überlassen die Zubereitung irgendeinem, der es schlecht macht.

Ich will nicht sagen, daß es nicht auch Apotheker gäbe, die ihre Sache gut machen. Aber sie sind selten. Ich bin in ganz Frankreich gewesen, wenigstens in den meisten Gebieten. Ich habe mit vielen Apothekern verkehrt und kenne sie gut. Ich glaube nicht, daß in irgendeiner anderen handwerklichen Kunst mehr Pfusch gemacht wird als in der Pharmazie.

Ich will über niemanden den Stab brechen. Aber wenn man die Welt sieht und ihre Qualitäten, ihre Charakteranlagen und nationale Besonderheiten kennenlernt und wenn man dann die Milde der Luft oder ihre Rauheit in Betracht zieht und mit den verschiedenen Völkern oder auch Volksgruppen bestimmter Regionen in Zusammenhang bringt – man braucht ja nur die alten Landschaftsbeschreibungen der Römer zu lesen –, dann wird einem erst richtig klar, was die Medizin eigentlich leisten könnte und wie erbärmlich mein Hauptberuf gestrandet ist.

Ich lernte so viel Mißbrauch kennen, wohin ich auch kam, daß ich dieses Thema wechseln muß, um nicht die Ohren des einen oder anderen zu beleidigen.

Ich konnte mich davon überzeugen, vielerorts, daß die medizinische Wissenschaft fabelhaft arbeitet. Aber das ist leider nicht so oft der Fall, wie es vorgegeben wird. Es kann doch vorkommen, daß ein Arzt in der Apotheke auftaucht, um dort die Medizin selbst herzustellen, um so den Kranken zu imponieren. Er wiegt die Zutaten selbst ab.

Aber auch dann, wenn man von einem Apotheker wissen sollte, daß er nichts kann, daß er ein Dummkopf ist, ein Phantast, und wenn man fürchten müßte, daß er schlechte Ware herstellt, muß man damit rechnen, daß er zu dem jungen Arzt mit einigem Recht sagt: ›Warum wollen Sie mich hier kontrollieren? Glauben Sie vielleicht, ich sei kein guter Apotheker? Sie sollten wissen, ich kann die Medizin sehr viel besser herstellen, als Sie es anordnen können. Warum mischen Sie sich in Sachen, die Sie nichts angehen? Stecken Sie Ihre Nase nicht in Heilmittel. Das ist meine Angelegenheit.‹

So oder ähnlich wird er tausend Argumente vorbringen. Ich will lieber nichts mehr darüber schreiben.

Wahrhaftig, ich habe fabelhafte Apotheker kennenlernen dürfen. Leute, die ihr ›Handwerk‹ verstehen und es gewissenhaft ausüben.

Andererseits gibt es einen Ort, an dem mir kein schlechter Arzt begegnete – Marseille. Ausgenommen vielleicht zwei oder drei. Wären dort die Ärzte nicht so in Ordnung, sähe es sehr viel schlimmer aus in der Stadt.

Den Arzt Loys Serre, einen weisen und gelehrten Mann, nennt man sogar einen zweiten Hippokrates.

Wollte ich alle Orte aufzählen, in denen ich praktiziert habe und wo es gute Ärzte gibt, würde aus diesem Büchlein ein dicker Wälzer.

Der Ehrenpreis gehört allerdings – ohne daß andere daran teilhätten – Joseph Turel Lecurin aus Aix-en-Provence und in unserer Stadt François Berard. Gut, vielleicht könnte man sagen, ich hätte andere ja gar nicht gründlich genug kennengelernt. Das stimmt. Es ist nicht möglich, alles zu prüfen. Des Menschen Leben ist zu kurz dazu.

Lassen wir das. Viele werden es sowieso nicht gern hören. Darum lassen wir es. Es macht nur böses Blut. Ich habe das alles auch nur gesagt, um deutlich zu machen, daß derjenige, der sich das Mittel zum eigenen Nutzen zubereiten will, es Punkt für Punkt sorgfältig vollenden muß, sonst wird er vom Ergebnis seiner Bemühungen enttäuscht werden. Dieses Mittel vermag in die innersten Regionen des Herzens vorzudringen und ihm zu helfen – und zur Schwachstelle der Seele.

Das beste Heilrezept ist das menschliche Leben selbst.«

WER DIE KRANKHEIT HEILEN WILL, MUSS DEN MENSCHEN KENNEN

Diese Abschweifungen wären es wert, zwei-, dreimal gelesen zu werden. Was sich anhört wie ein boshafter Angriff auf Arztkollegen und mehr noch auf Apotheker, ist in Wirklichkeit eine perfekte Definition des Arztberufs – und eine sehr ernste Mahnung an jeden, der ihn ausüben möchte, Beschwerden und Krankheiten niemals isoliert zu betrachten, sondern immer die Menschen in ihrer gewachsenen Tradition und in ihrer typischen Umwelt zu sehen. Die Menschen mit dem nämlich, was sie essen und trinken, was sie arbeiten, was sie fürchten und hoffen. Die Menschen mit der ganz bestimmten Witterung und dem Klima, dem sie seit vielen Generationen ausgesetzt sind, mit ihren typischen Bedrohungen, Bedürfnissen und Entbehrungen.

Wie viele Fehlentwicklungen in der Medizin wären vermieden worden, hätte man diese Sätze in die Lehrbücher aufgenommen und sich den Vorwurf des Nostradamus zu eigen gemacht: »... dann wird einem erst richtig klar, was die Medizin eigentlich leisten könnte und wie erbärmlich mein Hauptberuf gestrandet ist.«

Bei den kaum mehr überschaubaren Spezialisierungen und Technisierungen des Arztberufs in unseren Tagen, bei der Behandlung der Patienten als Nummer ohne Gesicht, ohne Geschichte und ohne Hintergrund ist der Vorwurf wohl noch berechtigter, als er es vor vierhundert Jahren schon war: Wer heilen will, kann eine Krankheit nicht betrachten, ohne den Menschen zu sehen, der sie hat. Wer einen kranken Körper gesund machen will, muß gleichzeitig auch die leidende Seele behandeln.

Michel Nostradamus kennt nicht nur Rezepte aus Pflanzen, Säften, Mineralien, Metallen – er gibt auch immer gleichzeitig Verhaltensregeln für eine gesunde Lebensweise. Davon war schon mehrmals die Rede.

›EXERZITIEN‹ – ALS HEILBAD FÜR DEN GEIST

Gegen die Angst, die sich sehr häufig in einer Flucht in Geschäftigkeit und Betriebsamkeit äußert, empfahl er immer wieder das »Bad des Geistes«, die seinerzeit üblichen und selbstverständlichen Exerzitien. Sie gehörten, von den Kirchen gepflegt, bis in unsere Tage unverzichtbar zum Leben eines Menschen.

Albertus Magnus hat ihren Sinn und ihre wundersame Heilwirkung so beschrieben:

»So, wie man den Körper von Zeit zu Zeit waschen muß – äußerlich mit Wasser und Seife, innerlich mit Fasten, mit Obsttagen, mit reinigenden Heilmitteln – so braucht auch der Geist seine regelmäßige Reinigung. Er muß die gewohnte Denkweise durchbrechen, still werden und sich von Grund auf neu aufbauen.

Das ist nur möglich, wenn man sich zurückzieht aus der gewohnten Umgebung. Wenigstens zweimal im Jahr. Man muß mit sich allein sein, losgelöst von den Alltagssorgen, aber auch von den Gewohnheiten und dem normalen Umgang, damit man unbeeinflußt zu sich selbst finden kann.

Keine Sorge! Die Angst und die Verlassenheit werden sich zunächst mit aller Gewalt auf dich stürzen. Du wirst vielleicht zutiefst erschrecken. Aber das muß so sein, damit Freude und Zuversicht wachsen können – ganz neu aus gesunden Wurzeln heraus. Schon nach zwei, drei Tagen fühlst du dich wie von einer riesigen Last befreit. Und dann werden deine Gedanken still, aber wesentlich. Dann erfährst du mehr über den Sinn des Lebens als in tausend akademischen Vorlesungen. Wenn du aus dieser ›Reinigungszeit‹ zurückkehrst in deine vertraute Umgebung, bist du ein anderer Mensch geworden.

Wähle als Zeitpunkt zur geistigen Reinigung das Frühjahr. Befasse dich nicht mit den großen Rätseln der Welt, sondern versuche, dich mit dem Naheliegenden vertraut zu machen – mit den Pflanzen, den Vögeln, dem Grün der Wiesen und dem Rauschen des Windes in den Bäumen.

Blicke in den blauen Himmel. Es wird dir alles, was du wahrnimmst, zum Spiegel der eigenen Seele.

Steige herab vom Podium, das dich als ›Krone der Schöpfung‹ heraushebt über jede andere Kreatur. Denn erst wenn du dich klein machst und einreihst unter die anderen Geschöpfe, findest du dich befreit von der Angst. Das beste Mittel gegen den Giftstoff Angst ist diese Rückkehr in die Einfachheit des Denkens und Fühlens...«

Das ist der Geist, aus dem heraus Michel Nostradamus seine Ratschläge für eine gesunde Lebensweise erteilte. Dazu gehören ganz praktische psychologische Hilfen – Weisheiten, die an Aktualität nichts eingebüßt haben:

»Halten Sie sich niemals auf mit Bedauern, und trauern Sie niemals um versäumte oder falsch gemachte Dinge. Den Lebensweg kann man nicht rückwärts gehen, wenngleich das unzählige Menschen immer wieder versuchen. Der Blick muß nach vorn gerichtet sein. Wenn Sie älter werden, dann sehen Sie in den Tagen, die vor Ihnen liegen, nicht das ›Wartezimmer zum Tod‹, sondern die goldene Erntezeit des Lebens. Im Herbst gibt es die süßen Früchte. Zu keiner anderen Zeit ist die Welt so schön und so bunt wie im Herbst.«

Und solchen Ratschlägen fügte Nostradamus ganz selbstverständlich ein kleines Rezept an:

»Wenn Sie die Angst aufzufressen beginnt und Sie nicht Herr darüber werden, dann essen Sie an jedem zweiten Tag einen rohen Stengel Sellerie...«

Sellerie gilt weithin als potenzstärkendes Mittel. Die Heilstoffe der Pflanze sind harntreibend, entwässernd und somit sehr gesund für die Nieren. Das ist wieder der erleichternde Effekt, von dem schon oft die Rede war: der Körper wird entgiftet, die Seele frei.

Paracelsus hat gesagt: »Wer ständig in Angst lebt, wird früher oder später nicht mehr atmen können.«

MUSKATNUSSÖL MACHT FREI

Das Rezept gegen die Angst aufgrund einer solchen Einsicht von Michel Nostradamus – Muskatnußöl.

»Man nimmt ein halbes Pfund Muskatnüsse und zerkleinert sie grob. Dann läßt man sie in einem Liter Quellwasser kochen. Nachdem das Wasser drei- oder viermal gesprudelt hat, nimmt man den Topf vom Feuer. Man schüttet alles durch ein Leintuch und preßt dieses kräftig aus.

Damit gewinnt man ein Öl, das auf dem Wasser schwimmt. Es wird steif wie Bienenwachs und riecht sehr angenehm.

Dieses Fett oder Öl kann ein Jahr lang aufbewahrt werden, bis aus der gelben Farbe ein schönes Braun geworden ist. Der Wohlgeruch wird sich mit der Zeit sogar noch verstärken. Aus dem halben Pfund Nüsse lassen sich ziemlich genau dreißig Gramm Öl gewinnen. Das ist der Grund, warum vielfach andere Methoden angewendet werden, das Öl zu gewinnen. Doch dies ist die einzig richtige Art.

Mit diesem Öl reibt man den Bauch ein bei Bauchschmerzen. Man riecht daran und streicht etwas davon unter die Nase bei Atembeschwerden, und man verwendet es ebenso bei Husten...«

Die Muskatnuß wird auch heute als Gewürz benützt, das man vor allem bei der Rindfleischsuppe verwendet. Es ist sicher, daß sie magenstärkend und verdauungsfördernd wirkt. Daneben besitzt sie aber auch eine leichte Drogenwirkung, ohne daß man von ihr süchtig würde. Sie hebt die Stimmung.

7
Füge dich ein – in die Schöpfung

»Seitdem ich mit dieser Frau verheiratet bin, geht mir alles schief. Ich habe kein Glück mehr und bin um Jahre gealtert. Sie bringt mich ins Grab.«

Der Sattler, ein Nachbar von Nostradamus in Salon-de-Provence, blickte voller Bitternis auf seine Frau, mit der er seit fünf Jahren verheiratet war. Die beiden hatten auf dem Weg zur Kirche die Familie Nostradamus getroffen, und der Arzt hatte sich erkundigt, ob es den Kindern wieder bessergehen würde. Das eine, ein kleines Mädchen, war von einem Pferd getreten worden und schwerkrank gewesen. Das andere, der ältere Junge, hatte etwas Giftiges gegessen. Nostradamus war gerade noch rechtzeitig gerufen worden. Dem Sattler konnte man den ganzen Schrecken noch ansehen.

Seine Frau reagierte auf die Anklage höchst gereizt. »Ja, weine dich nur aus. Aber findest du es nicht langsam lächerlich, deine eigene Untüchtigkeit mit einer so billigen Ausrede zu entschuldigen? Ich habe dir Unglück gebracht. Wie hätte es anders sein können? Mir hängt dieser Vorwurf zum Hals heraus. Was könnte ich schon anderes tun, als mich von früh bis spät um die Familie zu kümmern, zu putzen, zu kochen, zu waschen? Erfülle ich etwa meine Pflichten schlecht? Kannst du dich wirklich beklagen? Muß ich mir das eigentlich anhören? Herr Doktor, bitte sagen Sie ihm doch, er soll mit dem Unsinn endlich aufhören.«

Die Frau des Sattlers warf giftige Blicke auf ihren Mann. Sie war so empört, daß sie den anderen um ein paar Schritte vorauseilte.

Nostradamus schwieg zunächst. Er blickte versonnen vor sich hin. Erst als ihn auch der Sattler aufforderte: »Sagen Sie ihr doch – habe ich recht, oder ist es barer Unsinn, was ich behaupte?«, gab er zur Antwort: »Die Schöpfer eures Pechs seid ihr beide gleichermaßen. Eure endlosen Streitereien verderben euer Leben. So ist es. Solange ihr euch wegen jeder Kleinigkeit in den Haaren liegt, könnt ihr kein Glück haben und auf Dauer auch nicht gesund sein. Streit ist ein höchst giftiges Kraut. Wie ein Pilz verseucht es die eigene Seele. Und es wuchert auch im Herzen des anderen, mit dem man streitet. Alles, was Streitsüchtige in die Hand nehmen, wird giftig. Schließlich wird die ganze Umgebung krank.«

»Aber man kann doch nicht zu allem ja und amen sagen? Man darf doch nicht immer klein beigeben, vor allem dann nicht, wenn man sieht, daß der andere alles falsch macht?« begehrte die Frau auf, die eine ganz andere Antwort erwartet hatte und sich zu Unrecht beschuldigt fühlte.

»Nein, das wäre ebenso falsch wie das Streiten. Selbstverständlich muß man seine Meinung sagen. Das, was recht ist, muß beim Namen genannt werden. Doch es muß ohne Gefühlsaufwallungen geschehen, vor allem ohne Haß und Verachtung. Alles, was ich dem anderen in bitterem Groll an Bösem wünsche, wird auf ihn herabkommen. Vergeßt das nie. So gesehen hat der Sattler ganz recht: Ein Mensch kann für einen anderen zum Unglück werden und ihm nur Pech bringen. Umgekehrt hat jener Erfolg, der heiter und frohen Herzens den Mitmenschen begegnet, ihnen Gutes wünscht und seine Arbeit guten Muts verrichtet. Wer lachen kann, hat es leichter im Leben. Wer trübsinnig ist, zieht das Unglück an.«

Die Frau des Sattlers wollte sich damit keineswegs zufriedengeben. »Aber manchmal«, sagte sie, »manchmal muß man doch einfach dreinfahren wie ein Blitz. Das ist dann wie ein erfrischendes Gewitter. Hinterher fühlt man sich wieder wohl.«

»Ganz richtig«, stimmte Nostradamus zu. »Aber der Blitz darf halt nicht einschlagen, sonst brennt das Glück ab. Und es darf kein Groll zurückbleiben, sondern der Himmel muß wieder aufklaren, damit die Sonne durchbrechen kann. Schenkt einander doch ein Amulett. Gebt ihm all eure Liebe und Segenswünsche mit und versprecht einander, immer dann, wenn Kummer aufkommen will, daran zu denken. Das wird euch Glück bringen.«

VOM TALISMAN – FLUCH UND SEGEN

Genau solche ›Zauberschutzmittel‹ wie ein Amulett oder ein Talisman waren es letztlich, die Ärzte wie Paracelsus und Nostradamus so sehr in Mißkredit brachten – weil die Denkweise nicht mehr verstanden wurde und weil ganz gewiß auch Scharlatane mittlerweile, ebenfalls in Unkenntnis der Zusammenhänge, einen üblen Hokuspokus und nicht selten auch eine sprudelnde und ergiebige Geldquelle daraus gemacht haben.

Mit Magie hat das ursprünglich überhaupt nichts zu tun. Man brauchte weder Hexensalbe noch einen Teufelskreis oder Beschwörungsformeln. Auch zielte der Talisman nicht auf eine rein psychologische Wirkung ab: Wer daran glaubt, dem hilft es.

Es wurde schon mehrfach erwähnt: Für Nostradamus gab es viel natürlichere Zusammenhänge. Er war überzeugt davon, daß sich die gute und schlechte Laune des Kochs in Form einer positiven oder negativen Energie auf das Essen überträgt, das er zubereitet. Er glaubte auch, daß Wünsche und Flüche auf ähnliche Weise an alle Gegenstände, Pflanzen und Tiere übergehen, mit denen man zusammenlebt, und daß man sie deshalb auch ganz gezielt an ein Stückchen Gold oder Silber binden kann. Das Einritzen von Symbolen oder Zeichen war gewissermaßen nur eine Verstärkung und Verdeutlichung der Gedanken. Mehr nicht.

So und nur so wollte Nostradamus das alte Verbot verstanden wissen: »Du sollst nicht fluchen.« Er sah in allen unguten Gedanken und Wünschen eine zerstörerische und sehr wirksame Macht. Deshalb auch seine Warnung vor der Angst, die das Unglück anzieht: Sie springt wie ein unsichtbarer Funke von einem Menschen auf den anderen.

Ganz so abwegig sind solche Vorstellungen keineswegs. Mediziner konnten nachweisen, ja nachmessen, daß beispielsweise Babys Ängste oder Sorgen oder auch Gefühle wie Ablehnung über Kilometer hinweg registrieren. Dasselbe gilt natürlich auch für positive ›Ausstrahlungen‹ wie Zuversicht, Selbstvertrauen, Freude, Liebe. Es ist schon etwas dran an der guten oder schlechten Atmosphäre, die ein Mensch allein durch seine Anwesenheit verbreitet.

Doch solche gegenseitigen Beeinflussungen schrieb Michel Nostradamus nicht nur Menschen zu, sondern allem, was existiert.

BARFUSS – AUS DREI WICHTIGEN GRÜNDEN

So gab der Arzt aus Salon-de-Provence den Rat:
»Gehen Sie sooft wie möglich, wenn es sich irgendwie einrichten läßt, sogar täglich, barfuß. Das hat eine dreifache positive Wirkung: Einmal stimuliert die Massage der Fußsohlen die Energien des Körpers. Zum zweiten werden die Füße gut durchblutet und sind damit unanfechtbar für Pilze und andere Krankheiten. Das Wichtigste ist aber, daß alles, was sich an negativen Energien im Körper angestaut hat, auf natürliche Weise abfließen und die Erde dem Körper positive Energien zuteilen kann...«

Damit ist nicht nur die Reflexzonen-Therapie vorweggenommen, eine Heilweise, die sich heute großer Beliebtheit erfreut, sondern es wird zugleich auf Energieströme hingewiesen, die aus der Erde auf den Menschen übergehen können. Ströme, wie sie etwa Wünschelrutengänger aufspüren können. Ströme, die auch Tiere ihrer noch unmittelbaren Verbundenheit mit der Natur wegen wahrnehmen.

Man wundert sich stets aufs neue, wie viele Dinge vor Jahrhunderten schon bekannt waren oder zumindest erahnt wurden, auf die man erst heute dank moderner Meßinstrumente aufmerksam wird. Im fünfzehnten Jahrhundert bereits empfahl einer der großen Vorgänger von Michel Nostradamus, der Engländer Jenkins, Hofarzt zur Zeit Eduards IV., der halb Frankreich besetzt hielt:

»Jeder Mensch muß zusehen, daß er seinen Ort findet, der dem Körper am bekömmlichsten ist, sonst vermag er sich niemals richtig zu erholen. Manche Orte nämlich begünstigen die Entspannung der Muskeln und die Zirkulation des Blutes, als würde eine geheimnisvolle Kraft eine Einheit aus Mensch und Erde schaffen. Doch ebenso gibt es andere Orte, die die Muskeln so verkrampfen lassen, daß es zu keiner Erholung kommen kann...«

Die Alten wußten auch, wie man solche gesunde oder krankmachende Orte ausfindig machen kann – durch die Beobachtung der Tiere:

»Laß dich dort nieder, wo Tiere ihren Platz haben, sei es draußen in der Natur oder in der Wohnung. Wo ein Tier sich hinlegt, dort ist ein gesunder Platz...«

FINDE DEINEN PLATZ

Nun versteht man plötzlich auch jene Geschichten über Stadtgründungen oder die Errichtung von Klöstern und Schlössern, die berichten, daß man ein Tier losgeschickt hat, etwa ein Pferd oder einen Esel, um ihm zu folgen und dann dort zu bauen, wo dieses Tier sich hingelegt hat.

Schon oft hat man sich gefragt, warum unsere Vorfahren so häufig ihre Siedlungen an den unmöglichsten Plätzen oder Hängen errichteten, die zum Bauen denkbar ungünstig waren, wo doch unmittelbar daneben die Voraussetzungen sehr viel geeigneter gewesen wären. Ganz offensichtlich haben sie sich den gesündesten Ort und nicht den schönsten ausgesucht. Wahrscheinlich besaßen die Menschen vor einigen tausend Jahren noch ein funktionierendes Sinnesorgan für solche Plätze. Erst die Wetterforscher haben wiederentdeckt, daß beispielsweise der Hang tatsächlich die gesündeste Wohnlage ist, sehr viel bekömmlicher für das Befinden als eine Stelle in der Talsohle oder ganz oben auf dem Hügel.

Beobachtet man Tiere in freier Wildbahn oder auch die Kühe auf der Weide, wird man sehr bald feststellen, daß sie sich ihre Ruheplätze sehr sorgfältig auswählen und nicht selten auch weite Wege nicht scheuen, um dorthin zu gelangen. Am liebsten aber legen sie sich auf Hänge, wo immer das möglich ist.

Wer ein Haustier besitzt, hat ähnliche Erfahrungen gemacht: Die Katze oder der Hund sucht sich ihren Platz. Dabei kommt es nicht so sehr auf die weiche Unterlage an. Manchmal legt sich das Tier genau neben das Kissen oder den Teppich – vor allem dann, wenn er aus Kunstfasern besteht. Und oft wechselt es seinen Platz sofort, wenn eine ›Störung‹ auftritt – etwa dann, wenn das Fernsehgerät eingeschaltet wird oder wenn man eine Pflanze aufstellt.

Nostradamus gibt den Rat:

»*Wenn Sie sich irgendwo aufhalten und alsbald nicht mehr wohl fühlen, dann mag es an den Menschen liegen, mit denen Sie zusammen sind. Vielleicht ist aber auch der Ort für Sie ungesund. Warten Sie drei Tage und drei Nächte ab. Fühlen Sie sich danach wie gerädert, dann reisen Sie ohne zu zögern ab, wie schön es auch sein mag. Sie könnten sich doch nicht erholen und würden nur krank. Von der Erde gehen nämlich gewisse Kräfte aus, die Ihnen nicht bekommen. Folgen Sie Ihrem Gespür. Es behält recht...*«

Und an anderer Stelle:

»*Wo Pflanzen verkümmern und auch Tiere sich fernhalten, da sollten auch Sie nicht leben. Der Platz ist ungesund. Sie werden die Disharmonie zu spüren bekommen und selbst aus dem Gleichgewicht geraten. Wenn Sie dagegen einen Ort finden, an dem viele heitere, vitale und gesunde Menschen leben, an dem es auch viele gesunde Alte gibt, dann verweilen Sie. Sie werden bald keine Medizin und keinen*

*Arzt mehr nötig haben. Die geheimnisvollen Kräfte der
Erde machen Sie gesund...«*

Wir würden das heute wohl so ausdrücken: Nicht nur das
Wetter, die Sonne, Temperaturen, Luftfeuchtigkeit, Sauerstoffgehalt der Luft, Luftdruck, Reinheit der Luft, Wälder
und Wiesen machen einen Ort zum Heilkurort, sondern
auch Energien, die vom Boden ausgehen, seien es nun elektromagnetische Verhältnisse oder die vielzitierten ›Erdstrahlen‹, die möglicherweise von unterirdischen Wasserläufen
oder von verborgenen Metallen in der Erde ausgehen. Die
Zukunft wird uns in dieser Hinsicht wohl noch manche
Überraschung liefern.

JEDE QUELLE IST EIN HEILORT

Seit Urzeiten waren die Menschen davon überzeugt, daß es
keine gesünderen Orte auf der Erde gibt als jene Stellen, an
denen eine Quelle aus dem Boden sprudelt. Auch diese Vorstellung hat entgegen der landläufigen Meinung nichts mit
Aberglauben zu tun. Sie basiert ganz einfach auf Erfahrungen: Quellwasser besitzt Heilkraft, das Verweilen am Rand
einer Quelle schenkt neue Kräfte.

Nostradamus selbst gibt bei seinen Heilrezepten immer
wieder sehr genau an, ob zu ihrer Zubereitung Regenwasser,
Wasser aus dem Brunnen oder Quellwasser verwendet werden soll. Das eine war für ihn lebendiges Wasser, das andere
stilles, abgeklärtes Wasser, das dritte eine Art ›leeres‹ Wasser. Über die Quelle als Heilort läßt sich beim Arzt von Salon-de-Provence nichts finden – vielleicht ganz einfach deshalb
nicht, weil die Leute darum wußten. Es war nicht nötig, sie
darauf hinzuweisen.

Zu jener Zeit war es nämlich üblich, daß Kranke zu Quellen pilgerten. Nicht selten brachte man auch jene dorthin, die
selbst nicht mehr gehen konnten. Oder man holte ihnen zumindest Wasser aus ›ihrer‹ Quelle.

Es ist kein Zufall, daß nahezu alle alten Wallfahrtsorte über Heilquellen verfügen. Auch im Marienwallfahrtsort Lourdes in Südfrankreich ist das eigentliche Zentrum und Ziel der Pilger die Heilquelle. In ihr baden die Kranken. Ihr Wasser nehmen sie als Heilwasser mit nach Hause.

Quellwasser enthält Mineralien und Metalle. Die Heilkräfte des Bodens sind praktisch im Wasser gelöst. Der Ort rund um eine Quelle, das kann man heute nachmessen, besitzt eine eigene elektrische Beschaffenheit, wie sie sich nirgendwo sonst findet. Der geschwächte Körper wird gewissermaßen ›aufgeladen‹ wie eine schwache Batterie, die man an die Steckdose anschließt.

Aber, so sagte und glaubte man zur Zeit des Nostradamus – nicht jede Quelle ist für jeden Menschen auf gleiche Weise bekömmlich. Man muß sich darum bemühen, seine eigene Quelle zu entdecken. Aus ihr sollte man möglichst oft trinken, soweit es möglich ist, auch in ihr baden oder zumindest die Glieder hineintauchen.

Mit anderen Worten – die ganze Natur, mit allem, was sie besitzt und anzubieten hat, kann eine einzige, vielgestaltige Heilkraft darstellen. Man muß nur mit ihr in Kontakt kommen und sie ›benützen‹.

FINDE DEINE ZEIT

Zum gesunden Ort gehört aber auch die gesunde Zeit, nämlich der rechte Augenblick für Arbeit und Erholung und Schlaf und Genesung.

Das hört sich fast nach Astrologie an, hat damit aber zunächst keinerlei Verbindung. Die alten Weisen gingen nämlich von folgender Überlegung aus: Während der vierundzwanzig Stunden des Tages schwingt der Biorhythmus des Menschen auf und ab wie eine Sinuskurve. Nachts um drei Uhr beginnt sie vom Nullpunkt aus aufzusteigen. Sie erreicht um neun Uhr morgens ihren absoluten Höhepunkt und fällt danach wieder ab. Gegen drei Uhr nachmittags sinkt sie unter den Nullpunkt in die negative Phase der Erholung. Ihren Tiefpunkt hat sie um neun Uhr abends erreicht.

Diese Kurve des Auf- und Abschwingens körperlicher Vitalität war aufgrund ärztlicher Beobachtungen gefunden worden.

Es galt als medizinische Regel: Schwerkranke sterben besonders häufig in der Nacht. Überleben sie aber drei Uhr morgens, dann kann man davon ausgehen, daß sie den ganzen nächsten Tag über am Leben bleiben werden.

Umgekehrt: Morgens um neun Uhr wirken Arzneien besonders gut. Zu späteren Stunden dagegen helfen sie in der Regel nicht mehr so gut. Deshalb die ständige Wiederholung bei den Rezepten des Nostradamus: Sie sollten möglichst um neun Uhr morgens eingenommen werden. Und sein Rat: Die beste und wichtigste Mahlzeit ist die um neun Uhr am Vormittag.

Das hat sich bis in unsere Tage als Wissen erhalten. Das zweite Frühstück, bei dem vor allem Handwerker und Bauern sehr kräftige Speisen zu sich nehmen, heißt im alemannischen Sprachraum das ›z'nüni‹, als das, was man um neun Uhr morgens zu sich nimmt.

Die alte Weisheit ist heute auch in der Medizin wiederentdeckt und wissenschaftlich bestätigt worden: Medikamente wirken tatsächlich anders, je nachdem, zu welcher Stunde sie eingenommen werden. Man spricht von der ›inneren Uhr‹ des Organismus: Nach einem fest fixierten Rhythmus verändern sich Körpertemperatur, Leistungsfähigkeit, Empfindlichkeit gegenüber Reizen, Stoffwechselprozesse und viele andere Dinge. Selbst schädliche Strahlen kann der Körper in den Morgenstunden weit besser verkraften als am Abend. Insulin beispielsweise wirkt um so stärker, je früher am Tag es gespritzt wird.

Gerade wegen dieser unterschiedlichen Wirkung zu verschiedenen Zeiten legen die Ärzte so großen Wert darauf, daß immer genau zur selben Zeit gespritzt wird. Das Hormon Cortison, das gegen Entzündungen und Schmerzen vor allem bei Rheuma angewendet wird, sollte am besten morgens zwischen sechs Uhr und acht Uhr gegeben werden, weil dann wiederum die Wirkungen am stärksten und die Nebenwirkungen am geringsten sind. Herzpatienten, die Saluretika einnehmen müssen, also Mittel, die das Wasser aus dem Körper schwemmen, vertragen diese am besten in den Abendstunden. Wer hätte nicht vor kurzem noch die Anweisungen des Paracelsus oder Nostradamus, die solche Einsichten vorwegnahmen, als reinen Aberglauben abgetan?

So muß man es also ganz nüchtern sehen und verstehen, wenn in den geheimen Heilrezepten des sechzehnten Jahrhunderts empfohlen wird:

»Denken Sie daran, wenn Sie nicht mehr zu den ganz jungen Menschen gehören sollten: Es raubt dem Körper seine Kräfte in übergroßem Maße, wenn Sie besonders schwere Arbeiten nach drei Uhr nachmittags verrichten. Zwischen neun Uhr abends und drei Uhr morgens sollten Sie überhaupt nichts Anstrengendes tun, vor allem dann nicht, wenn Sie nicht ganz gesund sind oder sich vorübergehend nicht wohl fühlen. Man muß nämlich seinen Rhythmus kennen: Zwischen drei Uhr nachmittags und neun Uhr abends ist man am anfälligsten für negative Kräfte in der Umwelt. Zwischen neun Uhr abends und drei Uhr morgens sammeln und erneuern sich die Körperkräfte. In dieser Zeit bietet der Körper Angriffspunkte für die schädlichen Energien der Erde. Um neun Uhr morgens dagegen sind alle Geschöpfe, Menschen, Tiere, Pflanzen und Mineralien, mit der Erde im bestmöglichen Einklang und besitzen deshalb die größte Kraft und die meiste Energie...«

IN FORM BEI ZUNEHMENDEM MOND

So muß es auch verstanden werden, wenn Nostradamus stets betont, die Heilpflanzen müßten bei zunehmendem Mond gepflückt werden, weil sie dann die volle Kraft besitzen, während sie bei abnehmendem Mond oft schal und bitter schmecken – was für Lebensmittel natürlich auch gilt.

Es geht hierbei nicht um geheimnisvolle Kräfte, die vom Mond auf die Erde ausstrahlen und das Leben beeinflussen würden, sondern um den Lebensrhythmus, der von den Mondphasen bestimmt wird. Alles, was lebt, so die Meinung von Michel Nostradamus, ist den wechselnden Phasen von Aktivität und nachfolgender Zeit der Erholung unterworfen. So wie der Körper mit seinen Energien in vierundzwanzig Stunden in der Sinuskurve auf- und abschwingt, so tut er es im größeren Achtundzwanzig-Tage-Rhythmus, angezeigt durch den zunehmenden und abnehmenden Mond.

Daß es einen solchen Rhythmus speziell im Pflanzenreich, aber auch im Tierreich gibt, wird heute kaum mehr bestritten. Pflanzen wachsen nun einmal schneller und werden kräftiger, wenn sie unter Beachtung der Mondphasen gepflanzt wurden. Jeder Bauer weiß das. Muschelzüchter richten sich ebenfalls danach. Heilpflanzen und Früchte sind offenbar wirklich gehaltvoller, wenn sie in den frühen Morgenstunden und bei zunehmendem Mond geerntet werden. Zumindest gibt es eine ganze Reihe interessanter Untersuchungen, die das zu bestätigen scheinen.

Schließlich kann auch die Übereinstimmung der Mondphasen mit dem Zyklus der Frau nicht nur Zufall sein. Die Ärzte des Mittelalters sagten:

»Die Frau ist mit einer unsichtbaren Nabelschnur an den Mond gebunden, der Mann hängt, allerdings mit einer sehr viel feineren Nabelschnur, an der Sonne...«

Womit gleichzeitig auf die Prinzipien Aktivität (beim Mann) und Gefühlsstärke (bei der Frau) hingewiesen wurde.

Wenn sich Nostradamus nun Gedanken darüber machte, warum manche Partner so gut, andere weniger gut oder überhaupt nicht zusammenpassen, dann griff er ganz selbstverständlich wiederum auf die großen Rhythmen des Kosmos zurück.

Und wieder wurde das Jahr, wie zuvor Tag und Monat, als eine große Sinuskurve betrachtet und in zwölf Phasen zerlegt. Zwei Menschen, so die Überlegung, können nur zusammenpassen, wenn ihr Auf- und Abschwingen zusammenpaßt.

Die zwölf Phasen bekamen Zeichen und Namen. Sie wurden zu den zwölf Tierkreiszeichen, die eigentlich mit dem Lauf der Planeten und somit mit der Astrologie wiederum nur entfernt zu tun haben. Jedes Zeichen bekam sein ›Temperament‹ zugeteilt:

Widder (21. März bis 20. April): Feuer
Stier (21. April bis 21. Mai): Erde
Zwillinge (22. Mai bis 21. Juni): Luft
Krebs (22. Juni bis 22. Juli): Wasser
Löwe (23. Juli bis 23. August): Feuer
Jungfrau (24. August bis 23. September): Erde
Waage (24. September bis 23. Oktober): Luft
Skorpion (24. Oktober bis 22. November): Wasser
Schütze (23. November bis 22. Dezember): Feuer
Steinbock (23. Dezember bis 20. Januar): Erde
Wassermann (21. Januar bis 19. Februar): Luft
Fische (20. Februar bis 20. März): Wasser.

Mit diesen Zeichen kann man nun richtig spielen und das Zusammenpassen oder Gegensätze herausfinden. Etwa: Feuer verbrennt die Erde, Erde erstickt das Feuer. Luft tut der Erde gut, aber Erde verschmutzt die Luft. Feuer brennt in der Luft, aber Luft verzehrt sich im Feuer. Wasser löscht das Feuer, aber Feuer erhitzt das Wasser. Erde wird vom Wasser getränkt, aber Wasser von der Erde verschmutzt. Luft erstickt im Wasser, Wasser erfrischt in der Luft.

Natürlich muß man dazu noch ein ein paar »Feinheiten« beachten: Ein kleines Feuer verbrennt nicht, sondern es wärmt. Ein stilles Wasser schwemmt nichts hinweg, sondern es erfrischt. Und so weiter.

Zu solchen Spielereien kamen auch hier sofort wieder die Hinweise des Arztes:

> »Suchen Sie Ihren Herzenspartner möglichst in der eigenen Heimat. Wäre er nämlich sehr weit von Ihrem Ort entfernt zu Hause oder käme er aus einer völlig anderen Gegend, dann könnten ihm die natürlichen Voraussetzungen für die Harmonie mit seiner Umgebung fehlen. Und dann wäre sicher auch die Herzensharmonie gestört...«

Man sieht – die geheimen Heilrezepte des Michel Nostradamus und seiner Zeit beschränken sich nicht einfach auf ein paar gute Tips für die rechte Anwendung von Heilpflanzen. Sie rühren an das Wesentliche und umschreiben eine Lebensweise und, für den Fall der Erkrankung, einen Weg zurück zur natürlichen Gesundheit, der keine Heilkraft ausspart.

Der beste Arzt ist der eigene Körper. Doch er ist nur dann imstande, sich selbst gesund zu erhalten oder zu heilen, wenn er in vollkommener Eintracht lebt mit der Welt, in die er hineingeboren wurde.

Stichwortverzeichnis

HEILMITTEL/HEILPFLANZEN

Aloe 28, 29
Amber (Ambra) 28, 61, 63, 92
Anis 68f.
Äpfel 43f., 91
Arnika 29

Birnensaft 42
Bohnenkraut 112
Boretsch 28, 116ff.
Brunnenkresse 50f.

Calamus (Kalmus) 63, 89ff.

Duftkugeln 59–62

Eibisch 94
Eier 109
Eisenkraut 42, 100
Enzyme 77f.

Fenchel 97
Fruchtsäfte 34

Galgant 63
Gerstenmehl 94
Gelatine 34
Gold 28ff.
Gurke 42f.
Gurkenkraut 110, 116ff.

Heckenrosen 70, 110
Heidelbeeren 96
Heilquellen 133f.
Honig 100
Hopfen 44

Ingwer 28, 102–105
Iris Florentina 63, 89ff.

Kamille 65f.
Kamillenelixier 65
Karotten 97f.
Kirschelixier 95f.
Kopfsalat 52
Koriander 90
Knoblauch 51
Kraut 52f.
Krautsaft 53
Kupfer 37
Kürbis 28

Ladanum (Labdanum) 61, 90
Lattich 28
Lavendel 63, 90
Lorbeerblätter 37

Magnesium 53
Majoran 63
Malve 98f.

Mandeln 34, 94
Mandelöl 94
Milch 46–50
Mineralien 30f.
Minze 65f.
Moschus 28, 61, 63, 92, 94
Muskatnuß 126
Muttermilch 48
Myrrhe 62

Nelken 63, 90f.
Nüsse 28

Orangen 90
Orangenkerne 94

Parfüm 58ff.
Pinien-Nüsse 94
Petersilie 46
Pfefferminze 44, 46, 66
Pferdemilch 47
Pfirsichsaft 42
Pomeranzen 28
Primelsaft 69

Quellwasser 27, 44f.
Quitten 105–108

Rosen 60, 89f., 92, 94, 96
Rosenhonig 61
Rosenöl 28
Rosenpulver 61, 90
Rosenwasser 91f., 94, 96
Rosmarin 100

Salbei 44f., 100
Salat 52
Schafsmilch 45f.
Schweineschmalz 91
Sellerie 125
Senna 28
Sojabohnen 98f.
Speichel 77
Storax 61, 63

Veilchen 70
Veilchenpulver 61

Wasser 37, 44f.
Weinblätter 42f.
Weizenmehl 94

Zitronen 91

ORGANE, KRANKHEITEN, BESCHWERDEN, HEILANZEIGEN

Aggressionen 27, 117
Altern 27, 34, 41f.
Anfälligkeiten, astrologische 81ff.
Asthma 53
Arteriosklerose 44f., 51, 53
Atembeschwerden 126
Augen 95–98

Bauchschmerzen 126
Blutarmut 99
Blutdruck 67
Bronchien 50

Depressionen 27, 42, 119
Eisenmangel 36f., 50
Epilepsie 29, 62

Fasten 43ff.
Fehlgeburten 30
Feuchte Hände 45
Fieber 27

Galle 46
Gefühlskälte 101
Gicht 52, 80

Hände, spröde 99
Haut 43, 96, 99f.
Herz 29, 62, 67, 96, 100
Herzinfarkt 53
Herzmuskelschaden 67
Herzbeschwerden, nervöse 67, 96
Husten 126

Immunität 48
Impotenz 101
Infektionen 30

Kopfschmerzen 27
Krämpfe 52

Leber 47

Magenbeschwerden 42f., 46, 53
Mundgeruch 27, 89f.

Nerven, schwache 63f., 96
Nervosität 52, 69, 118
Nieren 52, 125
Nierensteine 98

Potenzstörungen 101–104

Regelstörungen 107

Schlafprobleme 57f.
Schlaflosigkeit 52
Schleimhaut-Entzündungen 96
Schuppenflechte 49
Schwermut 116–118
Schwitzen 45
Streß 44

Tuberkulose 27

Unterleibsleiden 96, 103, 112

Verdauungsstörungen 46
Verjüngung 27, 41f., 93

Wassersucht 118
Wunden 53

Zahnschmerzen 96

Die großen Weissagungen des Nostradamus und anderer Propheten für die kommenden Jahrzehnte vor und nach der Jahrtausendwende mit faszinierender Deutlichkeit interpretiert und entschlüsselt in zwei aufsehenerregenden Heyne-Taschenbüchern von Kurt Allgeier, dem versierten Bestseller-Autor auf dem Gebiet der Zukunftsprognosen.

Jeder weiß – oder ahnt zumindest, daß wir unmittelbar vor gewaltigen Ereignissen stehen. Sie werden die Erde und die Menschheit völlig verändern.
Was morgen geschieht – die Propheten haben es vorausgesagt: unser Schicksal in den 80er Jahren und vor der Jahrtausendwende, zusammengestellt nach den wesentlichsten Voraussagen und Prophetien, die im Laufe der Jahrhunderte über unsere nahe Zukunft gemacht worden sind.

Heyne Sachbuch 01/7149 - DM 7,80

ORIGINALAUSGABE

Die Weissagungen des großen französischen Sehers bis ins Jahr 2050 sind eine wichtige Ergänzung zu Kurt Allgeiers erstem Buch. Denn sie enthalten alle Prophezeiungen des NOSTRADAMUS, die für uns immer unheimlicher werden: Er hat unter anderem die Französische Revolution, den Ersten Weltkrieg, die Hitlerzeit, das Attentat auf Sadat vorausgesagt. Wird auch das Fürchterliche eintreffen, das er bis ins 3. Jahrtausend hinein prophezeit hat?

Heyne-Taschenbuch 01/7180 - DM 5,80

ORIGINALAUSGABE

Wilhelm Heyne Verlag München

SACHBÜCHER
im Heyne-Taschenbuch.

KRÜGER-LORENZEN
Deutsche Redensarten und was dahinter steckt
»DAS GEHT AUF KEINE KUHHAUT«
»AUS DER PISTOLE GESCHOSSEN«
»DER LACHENDE DRITTE«

01/7187 - DM 12,80

Rettet den Wald
Horst Stern
Hans Bibelriether
Peter Burschel
Richard Plochmann
Wolfgang Schröder
Horst Schulz

01/7220 - DM 14,80

Herbert Pothorn
Das große Buch der Baustile
Die Epochen der abendländischen Baukunst und die Baustile der außereuropäischen Kulturkreise

01/7176 - DM 14,80

Phantasie der Schöpfung
Werner NACHTIGALL
Faszinierende Entdeckungen der Biologie und Biotechnik
Bausteine für ein modernes Weltbild
Herausgeber
HOIMAR v. DITFURTH

01/7224 - DM 10,80

ADRIAN J. DESMOND
Das Rätsel der Dinosaurier
LEBEN UND UNTERGANG DER URZEITLICHEN TIERGIGANTEN

01/7152 - DM 9,80

Vom Autor des Weltbestsellers ›UNSER KOSMOS‹
CARL SAGAN
Aufbruch in den Kosmos

01/7179 - DM 10,80

Das Gesamtverzeichnis der Heyne-Taschenbücher
informiert Sie ausführlich über alle lieferbaren Titel.
Sie erhalten es von Ihrer Buchhandlung
oder direkt vom Verlag.

Wilhelm Heyne Verlag, Postfach 20 12 04,
8000 München 2